Métrica española

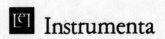

Instrumenta

Letras e Ideas

Colección dirigida por
FRANCISCO RICO

ANTONIO QUILIS

MÉTRICA ESPAÑOLA

Edición corregida y aumentada

EDITORIAL ARIEL, S. A.

BARCELONA

En cubierta: Garcilaso de la Vega
según un dibujo de J. A. Maea

6.ª edición: 1975
(Ediciones Alcalá, Madrid)

1.ª edición, corregida y
aumentada, en Editorial Ariel
(Colección Letras e Ideas):
noviembre 1984
2.ª edición: septiembre 1985
3.ª edición: octubre 1986
4.ª edición: mayo 1988
5.ª edición: septiembre 1989

© 1984: Antonio Quilis

Derechos exclusivos de edición en castellano
reservados para todo el mundo:
© 1984 y 1989: Editorial Ariel, S. A.
Córcega, 270 - 08008 Barcelona

ISBN: 84-344-8382-3

Depósito legal: B. 34.662 - 1989

Impreso en España

A mis hijos

María José
Ismael María
Antonio María
Fernando María
María del Carmen

Prólogo a la séptima edición

Hace dieciséis años veía por primera vez la luz esta Métrica española.* Sin modificación alguna aparecieron seis ediciones sucesivas. Para esta séptima edición, en Editorial Ariel, no hemos introducido cambios sustanciales: hemos querido mantener la estructura de la obra para que siga, en lo posible, cumpliendo la misma función originaria para la que fue pensada; por eso, nos hemos limitado a corregir algún error, a añadir o sustituir algún ejemplo, a precisar algún concepto, a incluir otro comentario métrico y uno métrico-estilístico, etc.

Queremos agradecer a cuantas personas hicieron alguna observación, el interés y la benevolencia con que acogieron nuestro trabajo, y, sobre todo, al poeta malagueño Dr. Rafael León, amigo bondadoso y buen conocedor de la forma y el significado de nuestra poesía, por su infinita paciencia de lector.

Madrid, 13 de junio de 1984

---

* Madrid, Ediciones Alcalá, 1968, 194 pp.

Prólogo a la primera edición

En nuestros años universitarios, nos fue muy útil el Resumen de versificación española *(Barcelona, 1950), de* MARTÍN DE RIQUER, *por su claridad y concisión. Agotada esta edición, no se ha publicado después, que sepamos, ningún otro manual que cumpliese su misión, tan útil, por otra parte. La ausencia de una obrita análoga a ésta y la aparición de algunos trabajos fundamentales * sobre métrica española en estos últimos años hacía necesario preparar un manual que tuviese casi por único fin su recopilación orgánica, su exposición clara y divulgadora y su puesta al servi-*

---

* *He tenido constantemente en cuenta a la hora de redactar este libro las siguientes obras: el* Sistema de rítmica castellana *(Madrid, 2.ª ed., 1968), de* RAFAEL DE BALBÍN, *obra de carácter teórico que señala nuevas directrices en las investigaciones métricas. Sus hallazgos son sumamente importantes; señalaremos algunos: la distinción entre prosa y verso basada en la distribución de los elementos lingüísticos que forman parte de nuestra lengua; la jerarquización constante del verso a una estructura superior a él que es la estrofa; el axis rítmico como configuración vertebral de la estrofa; la consideración totalmente rítmica de nuestros versos, etc. La* Métrica española. *Reseña histórica y descriptiva, de* TOMÁS NAVARRO TOMÁS *(Nueva York, 1956), obra fundamental, de carácter histórico como indica el subtítulo. Estudia las formas poéticas en cada época de nuestra literatura, así como sus modalidades, innovaciones, influencias, etc., con referencia constante a poetas y obras que las han empleado. El libro* Spanische Verslehre, *de* RUDOLF BAEHR *(Tübingen, 1962; traducción española,* Manual de versificación española, *Madrid, Gredos, 1969), es una combinación de teoría métrica, tradicional, y de historia de formas métricas. La* Estructura del encabalgamiento en la métrica española, *de* A. QUILIS *(Madrid, 1964), estudio objetivo del fenómeno desde los puntos de vista métrico, morfosintáctico y acústico.*

Para una información bibliográfica, amplia y muy completa, hasta la fecha de su aparición, puede verse el libro de ALFREDO CARBALLO PICAZO, Métrica española *(Madrid, 1956).*

cio del universitario que no vaya a especializarse en esta materia.
Estos han sido los objetivos principales que me han inducido a
escribir esta Métrica española.

Quiero agradecer a mis amigos Juan M. Díez Taboada y Juan
M. Rozas la lectura del manuscrito y las acertadas sugerencias y
observaciones que me han hecho; también extiendo mi agrade-
cimiento a los alumnos de la Cátedra de Gramática General de la
Universidad de Madrid que asistieron a mi Seminario de Métrica
española durante los cursos de los años 1962 a 1966, por todo
lo que de ellos aprendí.

A. Q.

III Curso Superior de Filología Española.
Málaga, verano de 1968.

INTRODUCCIÓN

0.1. *Objeto de la métrica*

La métrica, como estudio de la versificación, es la parte de la ciencia literaria que se ocupa de la especial conformación rítmica de un contexto lingüístico estructurado en forma de poema.

El estudio métrico comprende tres partes fundamentales: el *poema*, la *estrofa* y el *verso*.

0.1.1. El *poema* es, como se deduce de la definición anterior, un contexto lingüístico en el cual el lenguaje, tomado en su conjunto de significante y significado como materia artística, alcanza una nueva dimensión formal, que, en virtud de la intención del poeta, se realiza potenciando los valores expresivos del lenguaje por medio de un ritmo pleno.

El ritmo supone una especial ordenación de los elementos que constituyen la cadena hablada, tanto estrictamente fónicos (cantidad, intensidad, tono y timbre), como lingüísticos (fonema, sílaba, palabra, orden de palabras, oración). Cuando la lengua se adapta espontáneamente a su finalidad comunicativa, la organización de estos elementos es *libre, asimétrica* e *irregular*, y resulta la ordenación de la cadena hablada que se llama *prosa*. En cambio, si estos elementos están sometidos a un canon estructural de *simetría* y *regularidad,* se constituye el período rítmico que denominamos estrofa.[1] Entre estos dos extremos hay diversos grados que dan lugar a los poemas libres, a la prosa rítmica, a los poemas en prosa, etc.

---

1. Véase R. DE BALBÍN: *Sistema de rítmica castellana,* capítulos I y II.

Debemos observar que en el poema reside un centro de gravedad que polariza los elementos comunes del lenguaje en un orden artístico nuevo. Por otro lado, las partes analizables del poema sólo cobran sentido pleno dentro de la misma organización poemática.

El poema, en definitiva, es la realidad rítmica máxima y primordial, superior a la estrofa, bien porque puede elevar una sola estrofa a categoría de poema, bien porque puede estar constituido por una serie de estrofas. En el primer caso, se trataría de un poema monoestrófico; en el segundo, de un poema poliestrófico.

0.1.2. La *estrofa* es, por consiguiente, el orden inferior al poema y superior al verso y constituye el período rítmico. Una estrofa sola puede constituir poema por voluntad del poeta, bien sea una original y nueva, bien responda a uno de los distintos tipos que se han fijado a lo largo de la historia de la versificación, y que el poeta tradicionalmente acepta.

En la forma de la estrofa influyen los gustos de la época, las influencias procedentes de otros países, su función social, culta o popular, el género literario que constituya el poema,[2] etc.

0.1.3. El *verso* es la unidad más pequeña, la menor división estructurada que encontramos en el poema. Sólo tiene razón de existir cuando se encuentra en función de otro u otros versos, formando parte primero de la estrofa y luego del poema. En esta función se organizan las demás unidades rítmicas menores: los acentos, la cantidad, la rima, la pausa, etc.

Será necesario estudiar en el verso: *a*) las condiciones lingüísticas que permiten en cada lengua la creación de un determinado

---

2. Es necesario tener en cuenta la diferencia que existe entre forma métrica y género literario, ya que a menudo se producen confusiones terminológicas entre ambos. Por ejemplo, la epístola, el epigrama o la canción épica son géneros literarios, mientras que el romance, el soneto o la décima son principalmente formas métricas. Lo que ocurre es que hay formas métricas que llegan a constituir género literario, como, por ejemplo, en el Barroco, el soneto (sonetos líricos, elegíacos, etc.), y por otra parte, hay géneros literarios que adoptan una determinada forma métrica; por ejemplo, los poemas épicos cultos han empleado durante mucho tiempo la octava real.

tipo de verso; *b*) los elementos que lo conforman: sílabas, acento, tono, rima, etcétera; *c*) los diferentes tipos de verso que existen en una lengua; *d*) la creación y la evolución de los versos en la historia de una lengua.

0.2. *Plan de la obra*

Dividimos esta obrita en los tres apartados fundamentales: el verso, la estrofa y el poema, y por razones de índole metodológica, empezamos el análisis por la unidad menor, para llegar sucesivamente hasta el poema.

Su organización es:

I. El verso.
  1. El acento.
  2. La rima.
  3. El cómputo silábico. Clases de versos según el número de sílabas.
  4. Pausa. Tono. Encabalgamiento.
II. La estrofa.
III. El poema.

I
EL VERSO

1. EL ACENTO

1.0. Nuestra versificación, como nuestra lengua, se basan en el ritmo intensivo o acentual, no en el cuantitativo, como eran la griega o latina. Por ello, ha resultado siempre infructuoso el intento de algunos preceptistas que quisieron asimilar el ritmo intensivo de nuestros versos al cuantitativo; y del mismo modo, los poetas que han ensayado la aplicación de las estructuras silábicas (sílabas largas o breves) de la versificación clásica, han desembocado al final en unos determinados esquemas acentuales.

Se dice que el acento es el alma de las palabras, pero también es el alma del verso. De la posición de las sílabas acentuadas depende gran parte de la belleza del verso y de la estrofa.

Al tratar del acento en el verso hay que tener en cuenta tres puntos que a menudo suelen confundir u olvidar los tratadistas:

1.º Los elementos (sílabas, acento, rima) que conforman el verso son esencialmente hechos de lengua.[1] Por lo tanto, en este nivel, las palabras que fonológicamente son acentuadas, conservarán su acento en el verso, y las inacentuadas, seguirán siendo inacentuadas en el verso. Es decir, que como primera norma hay que tener en cuenta que el acento es totalmente objetivo y nos viene dado por las reglas de acentuación de la lengua.

2.º Lo dicho en el párrafo anterior no es obstáculo para que el poeta pueda cambiar la situación acentual en alguna sílaba del

---

1. Aparte está todo lo estilístico (aliteración, hipérbaton, etc.), que son motivaciones en el plano del habla.

verso; esta licencia se suele dar raramente, ya que por regla general hace perder belleza a la composición.[2]

3.º Es necesario advertir también que, además de la acentuación fonológica, objetiva y constante, se suele indicar que un verso, por ejemplo, un endecasílabo, lleva acento en segunda y sexta sílabas; esto no quiere decir que los mencionados acentos sean los únicos que tenga ese verso, sino que, además de los que le correspondan por su estructura léxica, un tipo determinado de endecasílabo, el heroico, debe llevar fijos un acento en la segunda sílaba y otro en la sexta, del mismo modo que un endecasílabo melódico llevará dos acentos fijos en tercera y sexta sílabas.[3]

1.1. PALABRAS ACENTUADAS Y PALABRAS INACENTUADAS EN ESPAÑOL

Es evidente que toda palabra aislada, sacada fuera del contexto en que se halla, presenta una sílaba con una determinada carga acentual; pero las cosas cambian cuando esa misma palabra se encuentra situada en el decurso de la cadena hablada. En la frase se percibe claramente la presencia de sílabas tónicas en unas palabras determinadas y su ausencia en otras.

En español, una palabra no tiene nada más que una sílaba acentuada llamada *acentuada* o *tónica,* por contraposición a todas las demás, que carecen de esa energía articulatoria, que son *inacentuadas* o *átonas.*

1.1.1. PALABRAS ACENTUADAS

Las palabras que en español siempre llevan una sílaba acentuada son:

1) *El sustantivo: el* gato; *la* mesa.

---

2. Obsérvese cómo en el habla cotidiana no resulta tan extraño o tan chocante la mala pronunciación como la falsa acentuación de una palabra.
3. Obsérvese que en estos casos tampoco se menciona el acento en décima sílaba, constante en todo endecasílabo.

2) *El adjetivo: el gato* negro; *la casa* gris; *la* triste *viuda,* etc.

3) *El pronombre tónico,* que funciona como sujeto o complemento con preposición: tú *sabes poco;* él y nosotros *jugaremos; para* mí *y para* ti, etc.

4) *Los indefinidos,* adjetivos o pronombres, apocopados o no: algún *hombre; viene* alguno; ningún otro *caso;* algo *fatigado,* etc.

5) *Los pronombres posesivos:* la culpa *es* mía; *este lápiz es* tuyo; *el gato no es* vuestro, *es* nuestro.

6) *Los demostrativos,* tanto pronombres como adjetivos: *quiero* este *libro; prefiero* aquél.

7) *Los numerales,* tanto cardinales como ordinales: dos *casas;* mil *casas; viene el* primero. Sin embargo, en un compuesto numeral, el primer elemento no se acentúa: dos *mil casas;* cuarenta y *seis gatos.*

8) *El verbo,* aunque sea auxiliar: *el gato* come; *se* casan *hoy; el pájaro* es *negro; Pepe* ha comido.

9) *El adverbio: come* poco; *juega* mal.

10) Las formas interrogativas *qué, cuál, quién, dónde, cuándo, cuánto, cómo:* ¿qué *quieres?;* ¿cómo *va la vida?*

1.1.2. PALABRAS INACENTUADAS

Las palabras que en español no llevan acento son:

1) *El artículo determinado:* el *alma;* la *casa;* los *músicos.* Sin embargo, el artículo indeterminado se acentúa: un *saco;* unas *pesas.*

2) *La preposición: vino* desde *Málaga; trabaja* para *comer.* (Se exceptúa *según,* que, tanto preposición como adverbio, es tónica: como preposición: según *lo establecido;* según *él estoy bien;* como adverbio: según *me dices, vino mal.*)

3) *La conjunción.* En la conjunción hay que tener en cuenta que son átonas:

a) Las copulativas *y, e, ni: no vi* ni *el conejo* ni *la liebre; José y Pedro.*

b)   Las disyuntivas *o, u:* o *vienes* o *me voy.*

c)   La polivalente *que,* copulativa: *habla* que *habla*; disyunti-va: que *quiera* que *no quiera ha de leer*; determinativa: que *lo pases bien*; final: *ven* que *te diga una cosa,* etc.

d)   Las adversativas *pero, sino, mas, aunque* (ya sea adver-sativa, ya concesiva): *habla* pero *mal.*

e)   Las causales *pues, porque, como, pues que, puesto que, supuesto que:* puesto que *no quieres quédate.*

f)   Las consecutivas *pues, luego, conque: has descansado bien* conque *ahora, a trabajar.*

g)   Las condicionales *si, cuando:* si *quieres voy*; cuando *lo dice, será verdad.*

h)   Las concesivas *aunque, aun cuando:* aun cuando *quiera, no puede venir.*

Son conjunciones tónicas:

a)   Las disyuntivas *ora, ya, bien:* ora *juega* ora *lee.*

b)   La consecutiva *así: no mentiría* así *le mataran.*

c)   La temporal *apenas: apenas se lave, sale.*

d)   Las compuestas, adversativas: *no obstante, con todo, fue-ra de*; consecutivas: *en efecto, por tanto, por consiguiente, así que*; temporales: *aún no, no bien, ya que, luego que, después que, en tanto que* (es átono *en cuanto* o su forma menos culta *en cuan-to que:* en cuanto *la sintió*); las condicionales: *a no ser que, dado que, con tal que*; las concesivas: *por más que, a pesar de que, mal que, ya que,* etc.

4)   *Los términos de tratamiento:* don *José*; doña *María*; fray *Pedro*; santo *Tomás.*

5)   El primer elemento de los compuestos: María *José*; dos *mil,* y de las palabras compuestas en las que aún se sienten sus componentes: traga*luz*; boca*manga.*

6)   *Los pronombres átonos* que funcionan como complemen-to y el reflexivo *se:* se lo *dije seriamente*; os *vimos hoy.*

7)   *Los adjetivos posesivos,* apocopados o no: mi *padre* y mi *madre*; nuestra *casa*; tus *dos gatos*; vuestros *hijos.* Compárese en-tre /nuestros gátos/ y /los gátos nuéstros/

8)   Las formas *que, cual, quien, donde, cuando, cuanto, como,*

cuando no funcionan como interrogativas ni exclamativas: *lo dejé* como *lo vi*; *vino* cuando *salía*.

Obsérvese en los siguientes ejemplos la diferencia acentual existente entre estas formas, según funcionen como interrogativas o no:

¿Cuándo lo viste? ——	*Cuando jugaba*
¿Dónde estaba? ——	*Donde siempre*
¿Qué pasa? ——	*Que la gente discute*
¿Cómo se encuentra? ——	*Como ya sabes*
¿Quién grita? ——	*Quien quiere*
¿Cuánto quiere? ——	*Cuanto pueda*

Cual no se acentúa cuando ejerce una función modal: *le puso cual digan dueñas.*

9) En los vocativos y expresiónes exclamativas cortas de cariño o reproche son inacentuados los elementos que acompañan al núcleo. Compárese entre: *no puedo,* buen *hombre; no es un* buen *hombre; ven aquí,* gran *pícaro; eres un* gran *pícaro.*

Usadas como tratamiento, en formas vocativas, pierden su acentuación palabras como *señor, señora, señorito, -a, hermano,* etc. Compárese entre: *adiós,* señor *Pérez; viene el* señor *Pérez; perdone,* hermano *Juan; perdono al* hermano *Juan.*

10) Hay formas léxicas, que en virtud de lo que hemos dicho son tónicas o átonas según su función:

Luego: tónica, en función temporal: *luego vamos;* átona, en función consecutiva: *pienso, luego existo.*

Aun: tónica, función adverbial: *aún vivo;* átona, función preposicional: *ni aun para vivir tiene ánimos.*

Mientras: tónica, función adverbial: *estudia; mientras, yo leo;* átona, función conjuntiva: *estudia mientras yo leo.*

Medio: tónica, función adjetival: *ha pasado medio día;* átona, en lexías complejas (formas compuestas): *está medio dormido, viene al medio día.*

Más: tónico, como adverbio: *quiero* más; átono, cuando es nexo de relación: *cuatro* más *dos.*

Menos: tónico, cuando es adverbio: *pesa* menos; átono, cuando funciona como nexo de relación: *cuatro* menos *dos; cuenta todo* menos *lo que pasó.*

1.2. Palabras con dos sílabas acentuadas

En condiciones normales, tan sólo un grupo de palabras, los llamados adverbios en -*mente,* poseen dos sílabas tónicas: *miserablemente,* miseráblEménte; *solamente,* sólaménte; *radicalmente,* radicálménte, etc.

1.3. Clasificación de las palabras por la posición del acento

Según el lugar que ocupa la sílaba acentuada en el interior de una palabra, se puede realizar la siguiente clasificación:

1. *Oxítona* (o *aguda*), cuando la sílaba acentuada ocupa el último lugar en la palabra: *reunió, cené, mamá, papel, cortar,* etc.

2. *Paroxítona* (o *llana*), cuando la sílaba acentuada ocupa el penúltimo lugar en la palabra. Los vocablos paroxítonos son los más corrientes en español, de ahí que la ortografía no los distinga con ningún signo diacrítico: *hermano, resultado, mechero,* etc.

3. *Proparoxítona* (o *esdrújula*), cuando la sílaba acentuada ocupa el antepenúltimo lugar en la palabra: *célebre, régimen, bolígrafo,* etc.

4. En formas compuestas la sílaba acentuada puede adelantarse aún a la sílaba antepenúltima, en cuyo caso recibe la denominación de *superproparoxítona* (o *sobresdrújula*): *cómetelo, recogiéndoselo,* etc.

Esquemas:

oxítona	— — — ´
paroxítona	— — ´ —
proparoxítona	— ´ — —
superproparoxítona	´ — — —

1.4. CLASIFICACIÓN DE LOS VERSOS EN CUANTO A LA POSICIÓN DE LA ÚLTIMA SÍLABA ACENTUADA

1. Verso *oxítono,* cuando la última sílaba acentuada es la última del verso.

2. Verso *paroxítono,* cuando la última sílaba acentuada es la penúltima del verso.

3. Verso *proparoxítono,* cuando la última sílaba acentuada es la antepenúltima del verso.[4]

1.5. FENÓMENOS MÉTRICOS RELACIONADOS CON LA POSICIÓN DEL ÚLTIMO ACENTO VERSAL

La condición de verso *oxítono, paroxítono* o *proparoxítono* lleva consigo unos fenómenos métricos constantes que afectan al número de sílabas:[5]

1. *Si el verso es oxítono, se cuenta una sílaba más* sobre las que tiene realmente:

> *¡Hola, hidalgos y escuderos*
> *de mi alcurnia y mi blasón!*
> *Mirad como bien nacidos*

4. *Oxítono* (=agudo), *paroxítono* (=llano o grave), *proparoxítono* (=esdrújulo). Preferimos emplear los términos oxítono, etc., por ser más exactos y por ser los que emplea casi exclusivamente la lingüística actual.

5. Para la explicación de este fenómeno métrico tan interesante véase el artículo de ANTONIO QUILIS: «Sobre la percepción de los versos oxítonos, paroxítonos y proparoxítonos en español», *Revista de Filología Española,* L, 1967, 273-286.

de mi sangre y casa en pro;
esas puertas se defiendan
que no ha de entrar, vive Dios,
por ellas quien no estuviere
más limpio que lo está el sol...

DUQUE DE RIVAS

Todos los versos de este romance son octosílabos. Los versos segundo, cuarto, sexto y octavo son oxítonos.

Cómputo silábico del segundo verso:

de-mi al-cur-nia y-mi-bla-són + 1 *sílaba* = ocho sílabas métricas.

Cómputo silábico del cuarto verso:

de-mi-san-gre y-ca-sa en-pró + 1 *sílaba* = ocho sílabas métricas.

2.   *Si el verso es paroxítono,* por ser paroxítona la estructura acentual del español, y por las razones que daremos más adelante, *se cuentan las sílabas reales existentes.*

En el mismo romance del DUQUE DE RIVAS, transcrito más arriba, tenemos:

Cómputo silábico del primer verso:

¡Ho-la hi-dal-gos-y es-cu-dé-ros = ocho sílabas métricas.

Cómputo silábico del tercer verso:

Mi-rad-co-mo-bien-na-cí-dos = ocho sílabas métricas.

3.   *Si el verso es proparoxítono, se cuenta una sílaba menos:*

Adoro la hermosura, y en la moderna estética
corté las viejas rosas del huerto de Ronsard,
mas no amo los afeites de la actual cosmética,
ni soy un ave de esas del nuevo gay trinar.

ANTONIO MACHADO

Esta estrofa está compuesta por versos de catorce sílabas (7 + 7). El primero y el tercero son proparoxítonos, y el segundo y cuarto oxítonos.

Cómputo silábico del primer verso:

A-do-ro-la̦ ħer-mo-sú-ra, / y e̦n-la-mo-der-
na̦ e̦s-té-ti-ca = 7 + 7 sílabas métricas

En la segunda parte de este verso, las dos última sílabas -*tica*, se cuentan métricamente como una. Lo mismo ocurre con las dos últimas sílabas del tercer verso.

Cómputo silábico del segundo verso:

cor-té-las-vie-jas-ró-sas / del-huer-to-de-Ron-
sárd + 1 *sílaba* = 7 + 7 sílabas métricas.[6]

Veamos otro ejemplo, con los tres tipos de acentuación, en el siguiente poema:

RUINAS

¡Dejadme llorar aquí,
sobre esta piedra sentado,
castellanos,
mientras que llenan las mozas
de agüita fresca los cántaros!

—Niño, un vasito de agua,
que tengo locos los labios.

RAFAEL ALBERTI

6. El poeta, por exigencias del ritmo o de la rima puede variar la posición del acento en una palabra:
Si adelanta la situación del acento, el fenómeno se conoce con el nombre de *sístole*, como *había* por *había* en el primer verso del siguiente terceto de un soneto:

No *había* a la estaca preferido el clavo,
ni las dueñas usado cenojiles;
es más vieja que «Préstame un ochavo».

QUEVEDO

Todos los versos son octosílabos, con la excepción del tercero. El primero tiene siete sílabas fonológicas, pero al ser oxítono, métricamente es un octosílabo. Los versos segundo, cuarto, sexto y séptimo son paroxítonos de ocho sílabas; por lo tanto, también octosílabos. El verso quinto tiene diez sílabas fonológicas, pero se produce una sinalefa (de̯ a-güi-ta) y es proparoxítono; por ello, también es octosílabo:

de̯ a-güi-ta-fres-ca-los-cán-taros.

Resumiendo y, generalizando, tendríamos los siguientes patrones:

a) — — — — — — ′ —   = 8 sílabas
b) — — — — — — ′   = 7 síl. + 1 tiempo métrico =
                            = 8 sílabas
c) — — — — — ′ — — — = 9 síl. — 1 tiempo métrico =
                            = 8 sílabas

El esquema es el siguiente: a) verso de ocho sílabas, cuya última palabra es paroxítona = octosílabo; b) verso de siete sílabas, cuya última palabra es oxítona = octosílabo; c) verso de nueve sílabas, cuya última palabra es proparoxítona = octosílabo.

Es decir, que sobre el patrón del verso de x sílabas, con acentuación en la penúltima (esquema a), se montan los demás patrones, que son ficticios: adición de una sílaba más en el verso con acentuación en la última, supresión de una sílaba en el verso con acentuación en la antepenúltima:

        — — — — — — ′   + 1 sílaba
        — — — — — — ′ —   patrón real
        — — — — — ′ — —   — 1 sílaba

Si retrasa la situación del acento, el fenómeno se conoce con el nombre de *diástole* (*acimo* por *ácimo*):

         Corazón, melifica en ti el *acimo*
      fruto del mundo y el dolor llagado,
      aprende a ser humilde en el racimo
      que es de los pies en el lagar pisado.

                          VALLE-INCLÁN

¿Hay realmente una equivalencia temporal entre estos distintos versos? No. En la estrofa de Dionisio Solís:

Tiemblas del Ártico
tú, que al estío
prestas calor

en la que todos los versos son métricamente pentasílabos, la diferencia, en tiempo real, de los mismos es notoria: mientras que el primero tiene 17 fonemas, el tercero tiene sólo 12; el primero tiene mayor duración, y viceversa.

Si no existe una equivalencia temporal entre estos versos debemos trasladarnos al dominio de lo relativamente mensurable, y buscar la causa en la sensación que nos produce su audición o su lectura (no olvidemos que existe un ritmo interior presente aun en la lectura inarticulada).

Los puntos que apoyan la tradicional afirmación de nuestros preceptistas son, según nuestra opinión, los siguientes:

1.º La equivalencia entre los versos oxítonos, paroxítonos y proparoxítonos no es de tiempo real, sino de sensación temporal.

2.º Cuando el sonido finaliza, la sensación no desaparece instantáneamente: la persistencia de la sensación continúa. Esta persistencia de la sensación es directamente proporcional a los aumentos de frecuencia y/o intensidad.

3.º En español las palabras paroxítonas constituyen el porcentaje mayor, con una gran diferencia sobre las oxítonas y proparoxítonas. Como consecuencia, los versos paroxítonos constituyen la mayoría casi absoluta.

4.º Hay que tener en cuenta que el centro culminante de todos los elementos acústicos que, a través de cada verso, conforman la estrofa, es el axis rítmico (véase más adelante, § 5.1.1.) En él se reúnen los máximos de timbre, de intensidad, de tono, y de cantidad. Es, en definitiva, el máximo acústico y el punto referencial de todos los elementos.

5.º El patrón normal en nuestra métrica es: axis rítmico sobre el núcleo silábico de la penúltima sílaba, y, como es lógico, una sílaba más.

6.º En el verso oxítono, el axis rítmico está situado en la última sílaba. En esta última sílaba se conjuntan las siguientes propiedades: a) máximo intensivo; b) máximo tonal; c) mayor cantidad de esta sílaba; d) mayor cantidad en la realización del último fonema oxítono. Sólo los dos primeros factores (máximo intensivo y máximo tonal) son suficientes, como hemos visto en el punto 2.º, para producir una sensación de aumento temporal. Si a esto añadimos los factores c) y d), la sensación aún se refuerza.

7.º En el verso proparoxítono, el axis rítmico está situado en la antepenúltima sílaba; por lo tanto, es ésta la que reúne los máximos de tono, cantidad e intensidad; las dos sílabas últimas, que están situadas a continuación, poseen las siguientes propiedades, todas ellas negativas: a) disminución notable de la intensidad; b) disminución notable del tono; c) disminución cuantitativa de las dos últimas sílabas, postónicas. Por lo tanto, la sensación producida es de una cantidad menor que la real.

8.º El axis rítmico reúne también el elemento de timbre de la estrofa (punto 4.º); es decir, en él se sitúa el comienzo de la rima, que es, como sabemos, la frontera versal más importante, la indicadora del final del verso. En una estrofa de endecasílabos, por ejemplo, al estar situado el axis en la décima sílaba, en ella está, o comienza, la rima, pudiendo después haber una, dos o ninguna sílaba.

9.º Al ser paroxítona la estructura acentual de las palabras en español, y al ser también el patrón versal de nuestra estrofa de estructura suprasegmental paroxítona, las sensaciones percibidas por el oxitonismo o por el proparoxitonismo se refuerzan hacia la percepción de un patrón paroxítono.

Hay, como vemos, un conjunto de factores (proporcionalidad directa entre el grado de frecuencia y/o intensidad y la persistencia de la sensación, patrón normal paroxítono en la palabra y en el verso, situación fija de la rima en la estrofa) que apoyan la afirmación de nuestros preceptistas y el quehacer de nuestros poetas.

Éstos, hoy como ayer, realizan sus obras guiándose por su intuición y su sensibilidad, y ha sido necesario el paso de muchos siglos para que las técnicas lingüísticas, psicológicas y fonético-acústicas corroboren lo que el hombre por sí solo percibió.

1.6. CLASIFICACIÓN DE LOS VERSOS EN CUANTO AL RITMO DE INTENSIDAD

En español, todo verso simple tiene siempre un acento en la penúltima sílaba. Si el verso es compuesto, lleva un acento en la penúltima sílaba de cada hemistiquio. Un endecasílabo llevará siempre un acento en la décima sílaba, mientras que un decasílabo lo llevará en la novena, y un verso compuesto de catorce sílabas (alejandrino) tendrá uno en la sexta sílaba de la primera parte (primer hemistiquio) y otro en la decimotercera (segundo hemistiquio).[7]

Este acento, que es fijo en cada verso, y que, además, se repetirá en esa posición en todos los versos de la estrofa, se denomina *acento estrófico,* y es el más importante.

El acento estrófico es el que marca el ritmo de intensidad de cada verso:[8]

7. No importa que el verso sea oxítono, paroxítono o proparoxítono, pues como en el primer caso contamos una sílaba métrica más, y en el tercero, las dos últimas equivalen a una, siempre tendrá el verso un acento en la penúltima sílaba métrica.

8. Tradicionalmente, se han venido señalando cinco tipos de ritmo en el verso español, tomando como base la distribución en pies de la métrica cuantitativa latina. Hay que tener en cuenta que en latín clásico las vocales no eran tónicas o átonas, como hoy en español y en las lenguas románicas, sino largas o breves; por lo tanto, sus sílabas eran largas o breves, no tónicas o átonas, como las nuestras. El orden regular de las sílabas largas y breves en un verso se realizaba en las agrupaciones denominadas *pies.* Los tipos fundamentales de pies eran:

　　　　yambo, de dos sílabas: breve - larga: ∪ —
　　　　troqueo, de dos sílabas: larga - breve: — ∪
　　　　dáctilo, de tres sílabas: larga - breve - breve: — ∪ ∪
　　　　anfíbraco, de tres sílabas: breve - larga - breve: ∪ — ∪
　　　　anapesto, de tres sílabas: breve - breve - larga: ∪ ∪ —

Aunque en nuestra métrica la unidad fundamental del verso es la sílaba, y no el pie, se ha venido arrastrando la clasificación latina, sustituyendo la opo-

1.6.1. Si la sílaba sobre la que va situado es de signo par, el ritmo es *yámbico*:

> *¡Cuántas veces, durmiendo en la floresta,*
> *reputándolo yo por desvarío,*
> *vi mi mal entre sueños, desdichado!*
> *Soñaba que en el tiempo del estío*
> *llevaba, por pasar allí la siesta,*
> *a beber en el Tajo mi ganado;*

GARCILASO DE LA VEGA

El acento estrófico va situado sobre la décima sílaba de todos los versos: *florésta, desvarío, desdichádo, estío, siésta, ganádo*; por lo tanto, su ritmo es yámbico.

1.6.2. Si la sílaba sobre la que va situado es de signo impar, el ritmo es *trocaico*:

> *A mis soledades voy,*
> *de mis soledades vengo;*
> *porque para andar conmigo*
> *me bastan mis pensamientos.*
> *¡No sé qué tiene la aldea*
> *donde vivo y donde muero*
> *que, con venir de mí mismo*
> *no puede venir más lejos!...*

LOPE DE VEGA

---

sición larga/breve por la de tónica/átona (larga=tónica, breve=átona); de este modo, los ritmos serán:

yambo: dos sílabas: átona - tónica: $— \acute{\,}$, como en el verso «Amór de tí nos quéma blánco cuérpo» (UNAMUNO).

troqueo: dos sílabas: tónica - átona: $\acute{\,} —$, como en el verso «Y éran úna sómbra lárga» (JOSÉ ASUNCIÓN SILVA).

dáctilo: tres sílabas: tónica - átona - átona: $\acute{\,} — —$, como en «Cántan las mózas que escárdan el líno» (VALLE INCLÁN).

anfíbraco: tres sílabas: átona - tónica - átona: $— \acute{\,} —$: «Los cláros clarínes de prónto levántan sus sónes» (RUBÉN DARÍO).

anapesto: tres sílabas: átona - átona - tónica: $— — \acute{\,}$. «Del salón en el ángulo oscúro» (G. ADOLFO BÉCQUER).

Como se ve, esta clasificación está basada tomando en consideración el verso aislado, no en función de la estrofa, y en una revisión en pies métricos que falsea por completo la estructura de nuestra lengua.

en esta estrofa de octosílabos, el acento estrófico va situado sobre la séptima sílaba.

1.6.3.   Todos los demás acentos del verso, cuyo signo, par o impar, coincide con el estrófico, son *acentos rítmicos,* y los que no coinciden son *acentos extrarrítmicos*:

> *Pastór que con tus sílbos amorósos*
> *me despertáste del profúndo suéño;*
> *tú, que hicíste cayádo de ése léño*
> *en que tiéndes los brázos poderósos,...*

LOPE DE VEGA

Primer verso: acentos sobre 2.ª, 6.ª y 10.ª sílabas
Segundo verso: »   »   4.ª, 8.ª y 10.ª sílabas
Tercer verso: »   »   1.ª, 3.ª, 6.ª, 8.ª y 10.ª sílabas
Cuarto verso: »   »   3.ª, 6.ª y 10.ª sílabas.

Todos los acentos de los dos primeros endecasílabos son rítmicos. En el tercer endecasílabo, los acentos en 1.ª *(tú)* y en 3.ª *(hicíste)* sílabas, son extrarrítmicos, y los demás rítmicos. En el cuarto endecasílabo el acento en 3.ª sílaba *(tiéndes)* es extrarrítmico, y el de 6.ª *(brázos),* rítmico.[9]

1.6.4.   También puede ocurrir que junto a una sílaba portadora de acento rítmico se encuentre otra sílaba también acentuada; el acento de esta última es extrarrítmico, pero por su situación especial de vecindad con la sílaba rítmica, recibe la denominación de *acento antirrítmico*:[10]

---

9.   Cuando un endecasílabo lleva acentuadas todas sus sílabas pares, es rítmicamente pleno, como aquel de GARCILASO:
> *por tí la vérde hiérba, el frésco viénto.*

10.   Téngase en cuenta que el término antirrítmico, como los demás sólo se refiere a una determinada situación de las sílabas acentuadas, no indica una falta contra la estética del verso; como todos los recursos de la versificación, este acento antirrítmico se justifica cuando se usa para conseguir un buen efecto estilístico.

¡Pobrecita princesa de los ojos azules!
Está presa en sus oros, está presa en sus tules,
en la jaula de mármol del palacio real...

RUBÉN DARÍO

El segundo verso, compuesto, sería de ritmo yámbico. La acentuación es la siguiente:

Está présa en sus óros, / está présa en sus túles

acentos en 2.ª, 3.ª, 6.ª / 2.ª, 3.ª, 6.ª sílabas. De ellos, los acentos en 3.ª sílaba de cada hemistiquio son antirrítmicos, por estar junto al acento rítmico de 2.ª sílaba.

2. LA RIMA

2.1. Definición

La rima es la total o parcial semejanza acústica, entre dos o más versos, de los fonemas situados a partir de la última vocal acentuada. Lo importante en la rima es la percepción de una igualdad de timbre:[1] es, por lo tanto, un fenómeno acústico, no gráfico, aunque, como las letras son la representación de los fonemas, en una lectura no articulada siempre existe la sensación de esa equivalencia acústica.

Dos palabras como *divo* y *estribo* pueden rimar perfectamente con rima total, ya que *v* y *b* son sólo representaciones del fonema /b/; lo mismo puede decirse de *regir* y *crujir*, pues las grafías *g* y *j* son representaciones ortográficas del único fonema /x/.

Por lo tanto, hay que tener en cuenta para el estudio de la rima la estructura fonológica de la lengua (la rima es un hecho de lengua) en cada etapa de su historia: en el Renacimiento, por ejemplo, dos palabras que hoy pueden funcionar con rima total como *cabeza* y *belleza*, sólo se encontraban con rima parcial, ya que *cabeza* (escrita *cabeça*) se pronunciaba *cabetsa*, y *belleza* (con la misma grafía) se pronunciaba *belledza*.

En la versificación regular, la rima constituye la frontera, el hito que señala el final de cada verso; de no existir, únicamente marcaría esta terminación la pausa versal, obligatoria; pero cuando, por ejemplo, a causa de un encabalgamiento desapareciese esta

---

1. Por ello, Rafael de Balbín denomina la rima *ritmo de timbre*.

pausa, sólo el número de sílabas nos señalaría el final del verso, y la percepción global cuantitativa es un índice muy bajo como para conocerlo por él solo; en realidad, no sabríamos cuándo terminaba el verso.

2.2. CLASES DE RIMA

Para la clasificación de la rima hay que tener en cuenta tanto su timbre como su cantidad.

2.2.1. *En cuanto a su timbre,* que es el elemento más importante, la rima puede ser total o parcial.

2.2.1.1. La *rima total* es la reiteración en dos o más versos de una identidad acústica en todos los fonemas que se encuentran a partir de la última vocal acentuada. Este tipo de rima también se denomina *rima consonante* o *rima perfecta;* preferimos el término *rima total* por expresar más exactamente el concepto:

> *Abiertas copas de oro deslumbrado*
> *sobre la redondez de los verdores*
> *bajos, que os arrobáis en los colores*
> *mágicos del poniente enarbolado.*

JUAN RAMÓN JIMÉNEZ

En este cuarteto, reiteran la rima todos los fonemas del primero y cuarto versos, y del segundo y tercero, a partir de la última vocal acentuada:

> deslumbr-*á-do* / enarbol-*á-do*
> verd-*ó-res* / col-*ó-res*

Como se puede observar, las vocales acentuadas que marcan el principio de la rima son, en todos los casos, núcleos silábicos de sílabas polifonemáticas abiertas; a pesar de ello, los fonemas consonánticos que se encuentran antes del núcleo acentuado (*br* en *bra-do*; *d* en *do-res*, etc.) no se tienen en cuenta.

2.2.1.2. La *rima parcial* es la reiteración en dos o más versos de una identidad acústica de algunos de los fonemas que se encuentran a partir de la última vocal acentuada. Estos fonemas son siempre los vocálicos, de ahí que este tipo de rima reciba también el nombre de *rima vocálica*; otros términos son los de *rima imperfecta* y *rima asonante*:

> *Ajustada a la sola*
> *desnudez de tu cuerpo,*
> *entre el aire y la luz*
> *eres puro elemento.*

JORGE GUILLÉN

El segundo y tercer versos tienen rima parcial:

cu-ér-po / elem-én-to;

únicamente los fonemas vocálicos son los que presentan identidad de timbre.

> *Madre del alma mía,*
> *qué viejecita eres,*
> *ya los ochenta años*
> *pesan sobre tus sienes.*

SALVADOR RUEDA

En esta estrofa también existe rima parcial entre el segundo y cuarto versos:

é-res / si-é-nes

2.2.1.3. Un tipo especial de disposición de la rima es la llamada *rima en eco*, que consiste en la repetición en el mismo o en el siguiente verso de los fonemas rimantes:

Hoy se casa el monarca con su marca,
no quede pollo a vida, ni comida
con que sea servida mi querida,
llamadla en la comarca polliparca,
traed tocino y buen vin de San Martín,
pan, leña, asadores, tenedores
frutas, sal, tajadores los mayores,
presto, que el dios Machín pretende el fin.

LÓPEZ DE ÚBEDA

En los versos primero y cuarto, además de las rimas totales en -*arca*, se produce una rima parcial, *a-a: casa-monarca-marca; llamadla-comarca-polliparca.*

Saben los cielos, mi Leonora hermosa,
si desde que mi esposa te nombraron,
y de dos enlazaron una vida
por vella divertida en otra parte,
quisiera aposentarte de manera
en ella, que no hubiera otra señora
que no siendo Leonora la ocupara.

TIRSO DE MOLINA

Otras combinaciones pueden ser: la repetición de la rima, o de algunos fonemas más de los que la constituyen, al principio de cada verso siguiente:

Tu beldad que me despide
pide a mi amor que se aniña,
niña, que te haga un retrato,
trato mi afición codicia.

ANDRÉS DE PRADO

o la repetición consecutiva:

Peligro tiene el más probado vado;
quien no teme que el mal le impida, pida
mientras la suerte le convida, vida,
y goce el bien tan sin cuidado dado.

LOPE DE VEGA

2.2.2. *En cuanto a su cantidad,* la rima, tanto total como parcial, puede ser:

2.2.2.1. *Rima oxítona* (o *aguda*): se produce en los versos oxítonos (agudos) y alcanza a parte de la última sílaba acentuada. En la preceptiva medieval se le dio el nombre de *rima masculina;*

> *En mi corazón tenía*
> *la espina de una pasión;*
> *logré arrancármela un día*
> *ya no siento el corazón.*

ANTONIO MACHADO

los versos segundo y cuarto tienen rima total oxítona:

pasi-*ón* / coraz-*ón.*

> *...y un eco que agudo parece*
> *del ángel del juicio la voz,*
> *en tiple, punzante alarido*
> *medroso y sonoro se alzó...*

ESPRONCEDA

los versos segundo y cuarto tienen rima parcial oxítona:

v-*óz* / alz-*ó.*

2.2.2.2. *Rima paroxítona* (grave o llana): se produce en los versos paroxítonos (graves o llanos) y alcanza a la última sílaba (inacentuada) y a parte de la penúltima (acentuada). En la preceptiva medieval recibía el nombre de *rima femenina:*

> *Buscando mis amores*
> *iré por esos montes y riberas;*
> *ni cogeré las flores,*
> *ni temeré las fieras,*
> *y pasaré los fuertes y fronteras.*

SAN JUAN DE LA CRUZ

En esta estrofa, riman los versos primero con tercero, y segundo, cuarto y quinto, con rima total paroxítona:

> am-*ó-res* / fl-*ó-res*
> rib-*é-ras* / fi-*é-ras* / front-*é-ras*.

> *Enviaré sin duda alguna*
> *varas de primavera,*
> *cortadas el mes de abril*
> *de las faldas de esta sierra.*
>
> QUEVEDO

Los versos segundo y cuarto tienen rima parcial paroxítona: primav-*é-ra* / si-*é-*rra.

2.2.2.3. *Rima proparoxítona* (o *esdrújula*): se produce en los versos proparoxítonos (esdrújulos) y alcanza a las dos últimas sílabas, inacentuadas (que se computan métricamente por una sola) y a parte de la antepenúltima (acentuada):

> *Padre viejo y triste, rey de las divinas canciones,*
> *son en mi camino focos de una luz enigmática*
> *tus pupilas mustias, vagas de pensar abstracciones,*
> *y el límpido y noble marfil de tu «testa socrática».*
>
> AMADO NERVO

Los versos segundo y cuarto presentan rima total proparoxítona:

> enigm-*á-ti-ca* / socr-*á-ti-ca*

En la siguiente estrofa, se combina en rima parcial *(a-o)* una proparoxítona y otra oxítona: *pájaro* y *campo*:

> *Mañana nublada y triste;*
> *huerto verde; canta un pájaro;*
> *el horizonte, de agua;*
> *sombrío y callado el campo.*
>
> JUAN RAMÓN JIMÉNEZ

2.3. Disposición de las rimas

Las rimas pueden adoptar en la estrofa ciertas combinaciones. Cuatro son las más importantes:

2.3.1. *Rima continua:* es la consecución de rimas semejantes: *aaaa, bbbb,* etc.; da origen a las estrofas monorrimas:

> Yo maestro Gonçalvo de Verçeo nomnado
> iendo en romeria caeçí en un prado
> verde e bien sençido, de flores bien poblado,
> logar cobdiçiaduero para omne cansado.

GONZALO DE BERCEO

GOZO DEL TACTO

> Estoy vivo y toco.
> Toco, toco, toco.
> Y no, no estoy loco.
>
> Hombre, toca, toca
> lo que te provoca:
> seno, pluma, roca,
>
> pues mañana es cierto
> que ya estarás muerto,
> tieso, hinchado, yerto.
>
> Toca, toca, toca,
> ¡qué alegría loca!
> Toca. Toca. Toca.

DÁMASO ALONSO

2.3.2. *Rima gemela:* la consecución de dos rimas: *aa, bb, cc,* etc.; es la que origina la estrofa llamada pareado:

> No hay sábado sin sol
> ni mocita sin amor.

Refrán

> Ya lo ves las canciones que te consagro,
> en mi pecho han nacido por un milagro.
> Nada de ellas es mío, todo es don tuyo;
> por eso a ti de hinojos las restituyo.
> ¡Pobres hojas caídas de la arboleda,
> sin su verdor el alma desnuda queda!
> Pero no, que aún te deben mis desventuras
> otras más delicadas, otras más puras.

FEDERICO BALART

> Por amiga, por amiga.
> Sólo por amiga.
>
> Por amante, por querida.
> Sólo por querida.
>
> Por esposa, no.
> Sólo por amiga.

RAFAEL ALBERTI

2.3.3. *Rima abrazada:* dos versos con rima gemela encuadrados entre dos versos que riman entre sí: *abba, cddc,* etc.:

> Tú le diste esa ardiente simetría
> de los labios, con brasa de tu hondura,
> y en dos enormes cauces de negrura,
> simas de infinitud, luz de tu día;

DÁMASO ALONSO

2.3.4. *Rima encadenada:* dos pares de rimas que riman alternativamente: *abab, cdcd,* etc. También recibe las denominaciones de *rima cruzada, rima entrelazada* y *rima alternada:*

> Si Garcilaso volviera,
> yo sería su escudero;
> que buen caballero era.
> Mi traje de marinero
> se trocaría en guerrera

ante el brillar de su acero;
que buen caballero era.
    ¡Qué dulce oirle, guerrero,
al borde de su estribera!
En la mano mi sombrero;
que buen caballero era.

RAFAEL ALBERTI

Estos son los cuatro patrones básicos en la distribución de las rimas, pero, además, se pueden combinar entre sí o con otra, y dar origen a modelos distintos: *aba, abbab, abaab,* etc. Todas estas combinaciones diferentes las veremos más adelante al tratar de la estrofa.

3. EL CÓMPUTO SILÁBICO.
CLASES DE VERSOS SEGÚN EL NÚMERO
DE SÍLABAS

3.0. El metro, o número de sílabas que posee un verso, tiene importancia excepcional en la *versificación regular* o *silábica,* que es la mejor conocida y la más usual a lo largo de toda nuestra métrica; se fundamenta, precisamente, en la agrupación de versos de un número determinado de sílabas.

A la versificación regular o silábica se contrapone la *versificación irregular* o *libre,* en la que el número de sílabas es totalmente indeterminado, pero que puede manifestarse bajo un cierto ritmo acentual *(versificación rítmica)* o bajo agrupaciones periódicas de ciertos grupos fónicos *(versificación periódica)*. En este capítulo trataremos de la primera.

3.1. SÍLABAS MÉTRICAS

Al medir la cantidad total de un verso, hay que tener en cuenta dos factores: *a)* el número de sílabas fonológicas, que por ser un hecho de lengua, es constante, y *b)* los fenómenos métricos: sinalefa, diéresis, sinéresis y lugar del acento en la última palabra del verso: son hechos de habla que adquieren valor métrico por voluntad del poeta, en orden a una superior función expresiva.

Las sílabas fonológicas y los fenómenos métricos originan unas secuencias cuantitativas en el verso que llamaremos *sílabas métri-cas* o *tiempos métricos,* ya que no siempre coinciden con la sílaba fonológica o real.[1]

3.2. LA DIVISIÓN SILÁBICA EN ESPAÑOL

Fonológicamente, la división silábica en español se realiza con-forme a las siguientes normas:

1. *Cuando una consonante se encuentra entre dos vocales,* la consonante se agrupa con la vocal siguiente; «ca-*sa*», de-*mo-ra*», etc.

2. *Cuando dos consonantes se encuentran entre dos voca-les,* hay que tener en cuenta:

a) Son inseparables los grupos formados por consonantes bilabiales *(p, b),* labiodentales *(f)* y linguovelares *(k, g)* más consonante líquida *(l, r): pr, pl, br, bl, fr, fl, cr, cl, gr, gl*; estos grupos forman sílaba con la vocal siguiente: «a-*pro*-piar», «a-*plo*-mo», «a-*bru*-mar», «a-*blan*-dar», «co-*fra*-de», «a-*flo*-jar», «la-*cre*», «a-*cla*-mar», «a-*gru*-par», «si-*glo*».

Igualmente, son inseparables los grupos formados por conso-nante linguodental *(d, t)* más consonante líquida, *r: tr, dr,* que también forman sílaba con la vocal siguiente: «cua-*tro*», «cua-*dro*».

b) Cualquier otro par de consonantes que se encuentre entre dos vocales queda dividido de manera que la primera con-sonante forme sílaba con la vocal anterior, y la segunda con la posterior: «ar-*tis-t*a», «in-se-pa-ra-ble».

3. *Cuando tres o más consonantes se encuentran entre dos vocales,* puede ocurrir:

a) Que las dos últimas formen un grupo «consonante + lí-quida», *pr, br,* etc.; en este caso, el grupo consonántico perma-

1. Un verso como *¡Oh excelso muro! ¡Oh torres coronadas!* tiene trece sí-labas fonológicas; sin embargo, métricamente, es un endecasílabo, ya que cuatro de estas sílabas fonológicas constituyen, dos a dos, dos sinalefas, que métrica-mente se computan como dos *sílabas* métricas o dos *tiempos métricos: ob ‿ ex-cel-so-mu-ro ‿ oh-to-rres-co-ro-na-das*: 9 sílabas + 2 sinalefas = 11 sílabas métricas.

nece inseparable y forma sílaba con la vocal siguiente: «*in-fla*-mar», «co*n-tra*-er», «e*m-ple*-a-dos».

b) Que las dos primeras formen el grupo consonántico «ns», también inseparable en estas circunstancias; el grupo «ns» forma sílaba con la vocal anterior: «co*ns-t*ar», «co*ns-t*ruir», «i*ns-t*au-rar».

4. *El contacto entre dos vocales que no sean altas,* es decir, entre *e, a, o,* origina dos sílabas distintas: «*a-é-re-o*», «pe-le-a*r*», «le-*a*».

5. *El contacto entre una vocal baja (a) o media (e, o) y otra alta (i, u) o viceversa,* si forma diptongo, constituye una sílaba: «*ai*-re», «A-s*ia*», «b*ue*-no».

6. *Un triptongo, del mismo modo que el diptongo, forma sílaba o parte de ella:* «a-so-ciais», «buey».

7. *Cuando se encuentran en contacto una vocal alta acentuada (i, u) y una vocal media (e, o) o baja (a),* inacentuada, originan dos sílabas distintas: «ha-b*í-a*», «pa-*ís*», «ba-*úl*».

3.3. Fenómenos métricos en el cómputo silábico

Los fenómenos métricos que pueden afectar al número de sílabas métricas de un verso, son los siguientes:

3.3.1. *Sinalefa.* — Cuando una palabra termina en vocal (o vocales) y la siguiente comienza por vocal (o vocales), se computan, junto con las consonantes que formen sílaba con ellas, como una sola sílaba métrica:

> *Y mientras miserable-*
> *mente se están los otros abrasando*
> *con sed insaciable*
> *del animoso mando,*
> *tendido yo a la sombra esté cantando.*

Fray Luis de León

El segundo verso de esta estrofa tiene doce sílabas fonológicas, pero once sílabas métricas, ya que entre *se* y *es-* (de *están*) se origina una sinalefa:

men-te-se es-tán-los-o-tros-a-bra-san-do = 11 sílabas métricas.

El quinto verso consta de trece sílabas fonológicas, pero también de once sílabas métricas, ya que se originan dos sinalefas: una entre *yo* y *a,* y otra entre *-bra* (de *sombra*) y *es-* (de *esté*):

ten-di-do-yo a-la-som-bra es-té-can-tan do = 11 sílabas métricas

ambos versos son, pues, endecasílabos.

3.3.2. *Sinéresis.* — Cuando en el interior de una palabra se consideran formando diptongo, y por lo tanto como una sola sílaba métrica, dos vocales medias o baja *(e, a, o),* que normativamente se consideran como núcleo silábico independiente:

> La veleta, la cigarra.
> Pero el molino, la hormiga.
> Muele pan, molino, muele.
> Trenza, veleta, poesía.
>
> DÁMASO ALONSO

todos los versos están formados por ocho sílabas métricas. En el cuarto, es menester hacer la sinéresis en *poesía* para que resulte un octosílabo: *poe*-sí-a, en lugar de *po-e-sí-a,* como se considera normativamente.

3.3.3. *Diéresis.* — Cuando las dos vocales que forman un diptongo se pronuncian separadas dando lugar cada una de ellas a dos sílabas diferentes.

En el verso tercero de la estrofa de FRAY LUIS citada en el § 3.3.1., es necesario deshacer el diptongo *cia* de *insaciable* en dos sílabas, *ci-a,* para que el verso sea, como el primero y el cuarto, un heptasílabo:

con-sed-in-sa-ci-a-*ble* = 7 síl. métr.

3.3.4. *Hiato.* — Es el fenómeno contrario a la sinalefa: la vocal final de una palabra y la primera de la siguiente se mantienen como sílabas diferentes. La causa de que se produzca el hiato (o de que no se dé la sinalefa) suele ser la acentuación de una de las dos vocales (la sinalefa con una vocal acentuada resulta violenta), la cesura en un verso compuesto (v. § 4.1.1.), o el énfasis:

> *De la pasada edad, ¿qué me ha quedado?*
> *O ¿qué tengo yo, a dicha, en lo que espero*
> *sin ninguna noticia de mi hado?*

Epístola moral a Fabio

Toda la estrofa está formada por versos endecasílabos. En el tercero se produce un hiato entre *mi* y *ha-* (de *hado*). El cómputo silábico sería el siguiente:

sin-nin-gu-na-no-ti-cia-de-mi-ha-do = 11 síl. métr.

La última palabra, *hado,* está acentuada en la primera sílaba: *hádo.*

En estos cuatro fenómenos métricos que hemos señalado, se produce una clara jerarquización: por un lado, la sinalefa; por otro, los restantes (sinéresis, diéresis, hiato). El hecho obedece al distinto nivel de uso: mientras que la sinalefa es un fenómeno corriente y prácticamente constante en el habla (casi un hecho de norma lingüística), no lo son los otros fenómenos, constituyen una excepción.

3.4. OTROS FENÓMENOS MÉTRICOS QUE AFECTAN AL CÓMPUTO SILÁBICO

En los poetas de hasta el Siglo de Oro y del Romanticismo se presentan algunos otros fenómenos métricos, hoy prácticamente en desuso, que afectan al número de sílabas del verso. Son de dos clases:

3.4.1. Los que suprimen una sílaba en la palabra; puede ocurrir:

1. *Aféresis:* al principio: *hora* por *ahora*, *cademias* por *academias*, etc.

> Como el cueducto *quiebres de una fuente*,
> *puedes salir y entrar seguramente*.

> TIRSO DE MOLINA

2. *Síncopa:* en el medio: *desparecer* por *desaparecer*, *espirtu* por *espíritu*, etc.

> *Pastores los que* fuerdes
> *allá por las majadas al otero,*
> *si por ventura vierdes*
> *a aquél que yo más quiero*
> *decilde que adolezco, peno y muero.*

> SAN JUAN DE LA CRUZ

3. *Apócope:* al final: *sauz* por *sauce*, *do* por *donde*, etc.

> Siquier *la muerte me lleva*

> Romancero

3.4.2. Los que añaden una sílaba en la palabra; puede ser:

1. *Prótesis:* al principio: *arrecoger* por *recoger*, *alanzar* por *lanzar*, etc.

> *Así para poder ser* amatado

> GARCILASO DE LA VEGA

2. *Epéntesis:* en medio: *Ingalaterra* por *Inglaterra*, *corónica* por *crónica*, etc.

> *Padre, la* benedición

> CAÑIZARES

Pues si das en coronista

TIRSO DE MOLINA

3. *Paragoge:* al final: *felice* por *feliz, mare* por *mar,* etc.

Cuando te falte en ello el pece raro

FERNÁNDEZ DE ANDRADA

*Cuando Moriana pierde,
la mano le da a besare;
del placer qu'el moro toma
adormescido se cae.*

Romancero

3.5. CLASIFICACIÓN DE LOS VERSOS SEGÚN EL NÚMERO DE SÍLABAS

Según el número de sílabas, los versos pueden ser:

1. *Simples:* cuando constan de un solo verso.
2. *Compuestos:* cuando constan de dos versos.

A su vez, los *versos simples* pueden ser:

1. *Verso simple de arte menor:* cuando contienen, como máximo, ocho sílabas.
2. *Verso simple de arte mayor:* cuando contienen entre nueve y once sílabas, inclusive. A partir de las once sílabas el verso es compuesto.

Estas divisiones no son arbitrarias o caprichosas; responden a ciertas tendencias fonéticas del español: en nuestra lengua, cuando hablamos o leemos, el número de sílabas que emitimos entre dos pausas *(grupo fónico)* oscila normalmente entre las ocho y las once.[2] El *grupo fónico medio mínimo* es el de ocho

---

2. Decimos, normalmente; hay veces que por exigencias sintácticas este número es menor o mayor.

sílabas; el *grupo fónico medio máximo* es el de once sílabas. Por
ello, cuando el verso tiene más de once sílabas es un verso compuesto; y la distinción entre los dos tipos de grupos fónicos da
origen a la división en versos de arte menor y mayor, respectivamente.

3.5.1. VERSOS SIMPLES DE ARTE MENOR

Son los comprendidos entre las dos y las ocho sílabas.

Estos versos se caracterizan por su agilidad; son muy aptos
para composiciones poéticas ligeras. De entre ellos, el octosílabo es el más empleado en la poesía narrativa popular.

El verso monosílabo no existe porque su única sílaba sería
forzosamente oxítona, y, por ello, se convierte automáticamente
en un bisílabo. Véase un ejemplo en el siguiente poema:

EL DOLOR DE LAS CINCO VOCALES

Ves
lo
que
es

pues
yo
ya
no.

La
cruz
da
luz
sin
fin.

CÉSAR VALLEJO

3.5.1.1. *Bisílabo y trisílabo.* — Contienen dos y tres sílabas, respectivamente; son poco frecuentes en nuestra métrica. El bisílabo se utilizó únicamente en el Romanticismo, como elemento complementario, en composiciones polimétricas. El trisílabo aparece en el Neoclasicismo, y se utiliza en el Romanticismo, Modernismo y en la generación de 1927, bien independientemente o como forma auxiliar, combinado con otros versos.

Ejemplo de bisílabos y trisílabos:

> *¿Viste*
> *triste*
> *sol?*
> *¡Tan triste*
> *como él,*
> *sufro*
> *mucho*
> *yo!*
>
> *Yo en una*
> *doncella*
> *mi estrella*
> *miré...*
> *Y dile,*
> *amante,*
> *constante*
> *fe.*

RUBÉN DARÍO

El tercero, octavo y decimosexto versos *(sol, yo, fe)* por ser oxítonos (v. § 1.5) se computan como bisílabos. El quinto verso es una anomalía en la estrofa: si no se realiza la sinalefa, es un tetrasílabo, por ser oxítono: *co-mo-él,* «3 sílabas + 1 tiempo métrico (por ser oxítono)» = 4 sílabas métricas. Si se realiza la sinalefa, es un trisílabo: *co-moél,* «2 sílabas + 1 tiempo métrico» = 3 sílabas métricas.

Ejemplo de trisílabos y bisílabos:

> *Tal, dulce*
> *suspira*
> *la lira,*

que hirió
en blando
concento
del viento
la voz,
leve,
breve,
son.

ESPRONCEDA

Los ocho primeros versos son trisílabos, y los tres últimos, bisílabos.

Por último, véase el siguiente poema formado sólo por trisílabos:

OTOÑOS

Perfilan
Sus líneas
De mozos
Los chopos,
Vividas
Pupilas,
Aplomo
Sin bozo.
¡Huida
La umbría!

A lomos
De arroyos
Se esquivan
Las briznas.
Notorios
Contornos,
Jaurías,
Traíllas.
¡De hinojos
Los monstruos!
Mejillas
Propicias

Al modo
Moroso
Me brinda
La amiga,
 Cogollo
Del gozo.
¡Pericia
De otoño!

JORGE GUILLÉN

3.5.1.2. *Tetrasílabo.* — Consta de cuatro sílabas. Es más frecuente que los anteriores. Suele alternar con versos de ocho sílabas, formando los denominados *versos de pie quebrado,* muy utilizados por los poetas del siglo xv, aunque ya en la *Historia Troyana* (1270) en la profecía de Casandra hay estrofas con predominio del verso tetrasílabo:

¡Ay gentío
mal apreso,
de gran brío,
mas sin seso,
gentío de mala andanza!

Historia Troyana

La Gaya Ciencia lo utiliza con bastante regularidad. En el Neoclasicismo, alcanza amplia representación con las fábulas de IRIARTE. Es muy abundante en el Romanticismo. MANUEL MACHADO, en el Modernismo, lo utiliza en varias composiciones (*Otoño, Encajes, El viento,* etc.).

Tantas idas
y venidas,
tantas vueltas
y revueltas
quiero amiga
que me diga:
¿son de alguna utilidad?

TOMÁS DE IRIARTE

En los dos ejemplos anteriores, los tetrasílabos se combinan con un octosílabo; sin embargo, en la composición *El viento*, de M. MACHADO, el único metro es el tetrasílabo:

> *De violines*
> *fugitivos*
> *ecos llegan...*
> *Bandolines*
> *ahora son.*
> *...Y perfume*
> *de jazmines,*
> *y una risa...*
> *Es el viento*
> *quien lo trae...*
> *goce sumo,*
> *pasa, cae...*
> *como humo*
> *se desvae...*
> *pensamiento*
> *... ¡y es el viento!*

MANUEL MACHADO

3.5.1.3. *Pentasílabo.* — Consta de cinco sílabas. Como verso independiente aparece hacia 1443, en una endecha que se cantaba en el Archipiélago canario por la muerte del sevillano GUILLÉN PERAZA:

> *Llorad las damas*
> *si Dios os vala.*
> *Guillén Peraza*
> *quedó en la Palma,*
> *la flor marchita*
> *de la su cara.*
> *No eres Palma,*
> *eres retama,*
> *eres ciprés*
> *de triste rama,*
> *eres desdicha,*
> *desdicha mala.*

Antes, se había usado combinado con otros versos. Como verso independiente, se emplea también en el Renacimiento, mucho en el Neoclasicismo, y con menor frecuencia en el Romanticismo, Modernismo y en la generación de 1927. En el Barroco se utilizó muy poco; esta época prestó muy poca atención a los versos menores de seis sílabas.

> *Blanca tortuga,*
> *luna dormida,*
> *¡qué lentamente*
> *caminas!*
> *Cerrando un párpado*
> *de sombra, miras*
> *cual arqueológica*
> *pupila.*

GARCÍA LORCA

(los versos cuarto y octavo son trisílabos).

CANCIÓN DE CUNA PARA DESPERTAR A UN NEGRITO

> *Una paloma*
> *cantando pasa:*
> *—¡Upa, mi negro,*
> *que el sol abrasa!*
> *Ya nadie duerme,*
> *ni está en su casa;*
> *ni el cocodrilo,*
> *ni la yaguaza,*
> *ni la culebra,*
> *ni la torcaza...*
> *Coco, cacao,*
> *cacho, cachaza,*
> *¡upa, mi negro,*
> *que el sol abrasa!*
>
> *Negrazo, venga*
> *con su negraza.*
> *¡Aire con aire,*

que el sol abrasa!
Mire la gente,
llamando pasa;
gente en la calle,
gente en la plaza;
ya nadie queda
que esté en su casa...
Coco, cacao,
cacho, cachaza,
¡upa, mi negro,
que el sol abrasa!

Negrón, negrito,
ciruela y pasa,
salga y despierte,
que el sol abrasa,
diga despierto
lo que le pasa...
¡Que muera el amo,
muera en la brasa!
Ya nadie duerme,
ni está en su casa:
¡coco, cacao,
cacho, cachaza,
upa, mi negro,
que el sol abrasa!

NICOLÁS GUILLÉN

Cuando el pentasílabo va acentuado en primera y cuarta sílabas, recibe el nombre de *adónico*:

Jamás el peso de la nube parda,
cuando amanezca en la elevada cumbre,
toque tus hombros, ni su mal granizo
hiera tus alas.

E. M. VILLEGAS

Dulce vecino de la verde selva,
huésped eterno del abril florido,
vital aliento de la madre Venus,
céfiro blando.

E. M. VILLEGAS

(los acentos de los últimos versos son: *hiéra tus álas* y *céfiro bländo,* en primera y cuarta sílabas).

3.5.1.4.   *Hexasílabo.* — De seis sílabas. Es muy frecuente en los romancillos, villancicos y endechas, solo o mezclado con versos más largos.

Ya el ARCIPRESTE DE HITA lo utilizó con regularidad en la *Serrana de Tablada* y en dos de sus cantigas de loores. Fue también el metro empleado en la serranilla de la Vaquera de la Finojosa, del MARQUÉS DE SANTILLANA. Como dice MARTÍN DE RIQUER, «puede considerarse como el verso castellano más breve capaz de valor poético por sí solo».[3] Es un metro constante en la historia de nuestra poesía, desde el mismo Mester de Juglaría. El Barroco lo sigue cultivando con un matiz más culto, menos popular que en épocas anteriores. Su empleo disminuye en el Romanticismo, y vuelve a desempeñar un papel importante, junto al heptasílabo, en la generación de 1927.

> *Un pastor, soldado,*
> *las armas tomó,*
> *dejando sus cabras*
> *junto a Badajoz,*
> *y a la su morena*
> *que triste quedó,*
> *así le decía*
> *su imaginación:*
> *«No me olvides, niña;*
> *no me olvides, no...»*

Romancillo

> *Moça tan fermosa*
> *non vi en la frontera,*
> *como una vaquera*
> *de la Finojosa*
> *   Faziendo la vía*
> *del Calatraveño*
> *a Sancta María,*
> *vençido del sueño*

> por tierra fragosa
> perdí la carrera,
> do vi la vaquera
> de la Finojosa.

MARQUÉS DE SANTILLANA

3.5.1.5. *Heptasílabo.* — Consta de siete sílabas. Se usa combinado con endecasílabos, formando silvas y liras.

Como verso regular hace su aparición en el siglo XII, en el *Auto de los Reyes Magos* y en la *Disputa del alma y el cuerpo*; posteriormente, decae su empleo, junto con el del alejandrino, y, después de haber estado desterrado de nuestra poesía durante más de dos siglos, reaparece en el Renacimiento como verso independiente, usado con mucha frecuencia en la seguidilla; la anacreóntica de GUTIERRE DE CETINA (anterior a 1554) marca el resurgimiento del heptasílabo:

> De tus rubios cabellos,
> Dórida ingrata mía,
> hizo el amor la cuerda
> para el arco homicida.
> —Ahora verás si burlas
> de mi poder, —decía,
> y tomando una flecha
> a mí la dirigía.
> Yo le dije: —Muchacho,
> arco y arpón retira;
> con esas nuevas armas
> ¿quién hay que te resista?

Los poetas del Barroco, Góngora, Lope, etc., lo adoptan en la composición de sus romancillos.[4]

> ¡Pobre barquilla mía
> entre peñascos rota,
> sin velas desvelada
> y entre las olas sola!

4. Los de LOPE DE VEGA recibieron el nombre de *barquillas,* tomado del primer verso del más famoso de ellos, que es el que transcribimos.

¿Adónde vas perdida,
adónde, di, te engolfas,
que no hay deseos cuerdos
con esperanzas locas?

LOPE DE VEGA

Fue el verso más utilizado durante el Neoclasicismo (en odas, romances, letrillas, endechas, anacreónticas, etc.). Se cultivó también en el Romanticismo, y en el Modernismo su empleo fue muy limitado. El nuevo florecimiento del heptasílabo se produce en la generación de 1927; veamos un ejemplo, en el romance *Mañana*:

Y la canción del agua
es una cosa eterna.
Es la savia entrañable
que madura los campos.
Es sangre de poetas
que dejaron sus almas
perderse en los senderos
de la Naturaleza.
¡Qué armonías derrama
al brotar de la peña!
Se abandona a los hombres
con sus dulces cadencias.
La mañana está clara,
los hogares humean
y son los humos brazos
que levantan la niebla.

FEDERICO GARCÍA LORCA

Discreta y casta luna,
copudos y altos olmos,
paredes de su casa,
umbrales de su pórtico
callad, y que el secreto
no salga de vosotros.
Callad; que por mi parte
lo he olvidado todo.

G. A. BÉCQUER

3.5.1.6. *Octosílabo.* — Consta de ocho sílabas. Es el más importante de los versos de arte menor, y el más antiguo de la poesía española. Se ha cultivado desde los siglos XI y XII, en los que aparece como metro de alguna jarŷa mozárabe, hasta nuestros días, empleándolo tanto el anónimo cantar popular, como nuestros más grandes poetas.

Por constituir el grupo fónico mínimo se adecua perfectamente a nuestra lengua y constituye una constante métrica en la historia de nuestra lírica; es injusto, por ello, buscar su origen en los metros latinos o en la tradición galaica o provenzal. Es el verso por excelencia de nuestra poesía popular, de nuestros romances e incluso de nuestro teatro clásico.

He aquí un ejemplo de octosílabos en una jarŷa hispano-hebrea:

> *Garid vos, ay yermanelas,*
> *¿Com' contener e meu mali?*
> *Sin el habib no vivreyu*
> *ed volarei demandari.*[5]

En el Renacimiento, pese a la introducción del endecasílabo, se siguió cultivando este metro con mayor intensidad que en las épocas anteriores; los factores que contribuyeron a su expansión fueron: *a)* el desarrollo que alcanzó en aquel momento el teatro en verso; *b)* la difusión de los romances, que se empleaban tanto para desarrollar temas líricos, como históricos, novelescos o religiosos; *c)* el deseo, por parte de muchos autores, de demostrar las excelencias y la aptitud del verso de ocho sílabas para toda clase de temas, como reacción conservadora frente a la imitación creciente de las formas italianas.

Se sigue cultivando en el Barroco; entra en crisis en el Neoclasicismo; resurge en el Romanticismo, para seguir su cultivo hasta nuestros días, aunque limitado a redondillas, décimas y, sobre todo, romances.

5.   *Decidme vos, ay hermanitas,*
            ¿Cómo contener mi mal?
            Sin el amigo no viviré
            y volaré a buscarlo.

> Que por mayo era por mayo
> cuando hace la calor,
> cuando los trigos encañan
> y están los campos en flor,
> cuando canta la calandria
> y responde el ruiseñor,
> cuando los enamorados
> van a servir al amor;
> sino yo, triste, cuitado,
> que vivo en esta prisión;
> que ni sé cuándo es de día
> ni cuándo las noches son,
> sino por una avecilla
> que me cantaba al albor.
> Matómela un ballestero:
> ¡Déle Dios mal galardón!

Romancero

> Cuéntale al mundo tus dichas,
> y no le cuentes tus penas,
> que mejor es que te envidien
> que no que te compadezcan.

Cantar popular

3.5.2. VERSOS SIMPLES DE ARTE MAYOR

Los versos simples de arte mayor son los comprendidos entre las nueve y las once sílabas.

3.5.2.1. *Eneasílabo.* — Consta de nueve sílabas. No es muy frecuente en español. Es un verso de tipo tradicional que se empleó principalmente como estribillo de canciones populares.

Existen muchos testimonios en el siglo XV, en poesías cantadas de carácter popular. En el Siglo de Oro, se emplea en estribillos y letras de baile, todo ello al margen de la canción culta. Con diversos tipos de acentuación, se utilizó mucho en el Neoclasicismo y Romanticismo.

En el Modernismo, alcanza su mayor lirismo con las composiciones de RUBÉN DARÍO *El clavicordio de la abuela* y *Juventud,*

divino tesoro; de SALVADOR RUEDA, *Los insectos*; de SANTOS
CHOCANO, en los romances indios, como *Quién sabe, señor*.
Después de esta época, ya en el Postmodernismo, su uso decayó.

> *¡Juventud, divino tesoro,*
> *que te vas para no volver!*
> *Cuando quiero llorar no lloro...*
> *y, a veces, lloro sin querer.*
> *Plural ha sido la celeste*
> *historia de mi corazón.*
> *Era una dulce niña en este*
> *mundo de duelo y de aflicción.*
> *Miraba como el alba pura*
> *sonreía como una flor.*
> *Era su cabellera oscura*
> *hecha de noche y de dolor...*

> RUBÉN DARÍO

3.5.2.2. *Decasílabo.* — Consta de diez sílabas. Es aún menos usado en español que el eneasílabo. Desde el siglo XIV se
viene utilizando muy escasamente en combinación con otros versos. En el Barroco, se emplea algo más, y adquiere propia indi-
vidualidad en las composiciones de SOR JUANA INÉS DE LA CRUZ y
de otros poetas contemporáneos suyos, y, sobre todo, en estribillos
de tipo popular. Los poetas del Romanticismo consolidan este
metro y lo emplean para tratar con él todo tipo de motivos.
A partir del Modernismo decae su uso.[6]

> *Del salón en el ángulo oscuro,*
> *de su dueño, tal vez olvidada,*
> *silenciosa y cubierta de polvo*
> *veíase el arpa.*

> G. A. BÉCQUER

6. Es necesario observar que el decasílabo ha sido también usado, casi desde
sus orígenes, como verso compuesto de dos pentasílabos.

El decasílabo exige, normalmente, acentos en tercera, sexta y novena sílabas.

3.5.2.3. *Endecasílabo.* — Consta de once sílabas. Se utilizó en francés, provenzal e italiano desde la más remota antigüedad. En España, apareció con los primeros trovadores catalanes y gallegos; sólo mucho más tarde surgió en Castilla con los dísticos de D. JUAN MANUEL en el *Conde Lucanor,* aunque ALFONSO X EL SABIO lo usó en muchas de sus poesías gallegas.

En el siglo XV, FRANCISCO IMPERIAL y el MARQUÉS DE SANTILLANA trataron de adaptar al español el endecasílabo italiano. El último compuso la primera colección de sonetos en endecasílabos, totalmente elaborados, a la manera petrarquista; fueron sus famosos cuarenta y dos *Sonetos fechos al itálico modo:*

> *Quando yo veo la gentil criatura*
> *quel çielo, acorde con naturaleza,*
> *formaron, loo mi buena ventura,*
> *el punto e ora que tanta belleça*
> * me demostraron, e su fermosura*
> *ca solo de loar es la pureça;*
> *mas luego torno con egual tristura*
> *e plango e quexome dé su crueça.*
> * Ca non fue tanta la del mal Thereo,*
> *nin fizo la de Achilla e de Photino,*
> *falsos ministros de ti, Tholomeo.*
> * Asy que lloro mi serviçio indino*
> *e la mi loca fiebre, pues que veo*
> *e me fallo cansado e peregrino.*

> MARQUÉS DE SANTILLANA

Los continuos contactos mantenidos entre España e Italia durante el Renacimiento dieron lugar a un intenso intercambio cultural, y, como consecuencia de ello, la influencia italiana se dejó pronto sentir en España.

El endecasílabo había sido utilizado antes escasa y tímidamente; pero a partir de este momento, con la introducción del

modelo italiano, va a ser el metro constante y más representati-
vo de nuestra métrica. Si antes se habían utilizado prácticamente todos los versos de arte menor y mayor, menos el endecasílabo, era debido a que no se había reparado casi en él y, por lo
tanto, no había encontrado su adecuación perfecta. En cuanto el
modelo italiano se hace presente, el metro de once sílabas se
adapta en seguida como verso culto.[7]

El año 1526 coinciden en Granada el embajador de Venecia,
ANDREA NAVAGERO y el poeta barcelonés JUAN BOSCÁN DE AL-
MOGÁVER. En la conversación que ambos sostienen, el embajador veneciano convence a BOSCÁN para que se incorpore a la
poesía española tanto la métrica como los géneros más sobresa-
lientes de la italiana. De todo ello nos da cuenta JUAN BOSCÁN
en la dedicatoria de sus obras a la DUQUESA DE SOMA. Dice el
poeta español, después de referirse a las poesías de tipo tradicional contenidas en el primer libro de sus obras:

«Este segundo libro terná otras cosas hechas al modo
italiano, las cuales serán sonetos y canciones, que las trovas desta arte así han sido llamadas siempre. La manera
déstas es más grave y de más artificio, y, si no me equi-
voco, mucho mejor que la de las otras. Mas todavía, no
embargante esto, cuando quise probar a hacellas no dejé
de entender que tuviera en esto muchos reprehensores; porque la cosa era nueva en nuestra España, y los nombres
también nuevos, a lo menos muchos dellos, y en tanta no-
vedad era imposible no temer con causa y aun sin ella.
Cuanto más que, luego en poniendo las manos en esto,
topé con hombres que me cansaron... Los unos se queja-
ban que en las trovas desta arte los consonantes no an-
daban tan descubiertos ni sonaban tanto como en las castellanas; otros decían que este verso no sabían si era verso o si era prosa; otros argüían diciendo que esto prime-

7. Recordemos también cómo su estructura coincide perfectamente con el grupo fónico máximo.

*ramente había de ser para mujeres, ya que ellas no cura-
ban de cosas de substancia sino del son de las palabras y
de la dulzura del consonante... Estando un día en Granada
con el Navagero —el cual, por haber sido varón tan cele-
brado en nuestros días he querido aquí nombralle a Vuestra Señoría—, tratando con él en cosas de ingenio, y esencialmente en las variedades de muchas lenguas, me dijo
por qué no probaba en lengua castellana sonetos y otras
artes de trovas usadas por los buenos autores de Italia; y
no solamente me lo dijo así livianamente, más aún me rogó
que lo hiciese. Partíme pocos días después para mi casa,
y con la largueza y soledad del camino, discurriendo por
diversas cosas, fui a dar muchas veces en lo que el Navagero me había dicho; y así comencé a tentar este género
de verso... Mas esto no bastara a hacerme pasar muy adelante si Garcilaso, con su juicio, el cual no solamente en
mi opinión mas en la del todo el mundo ha sido tenido por
regla cierta, no me confirmara en esta mi demanda; y así
alabándome muchas veces este mi propósito, y acabándo-
mele de probar con su ejemplo —porque quiso él también
llevar este camino—, al cabo me hizo ocupar mis ratos
ociosos en esto más fundadamente.»*

BOSCÁN fue el primer innovador, alentado constantemente por
su amigo GARCILASO DE LA VEGA; éste incorporó muy pronto a
su vena lírica el estilo italiano y demostró cómo aquellos metros
y géneros que no tenían equivalente en nuestra versificación se
podían utilizar con la misma belleza de la versificación de origen.
La misma adecuación harían los poetas franceses de la Pléyade y
FRANCISCO SÁ DE MIRANDA en la poesía portuguesa. En España,
el ejemplo dado por BOSCÁN y GARCILASO fue muy pronto segui-
do por otros poetas, entre los que cabe destacar a DON DIEGO
HURTADO DE MENDOZA y a HERNANDO DE ACUÑA. Pero esta in-
novación no consistía solamente en la introducción de un verso
no usado en nuestra métrica, sino en la de todos los elementos
de un estilo nuevo: si BOSCÁN escribía sonetos con endecasílabos

a la italiana, y abría camino a la canción renacentista, a la octava
rima, al terceto y al verso suelto, GARCILASO DE LA VEGA adap-
taba también unas nuevas estrofas que se llamarían posteriormente *liras*.

Sin embargo, no todos los poetas de la época, como declara
el mismo BOSCÁN, veían con buenos ojos la adaptación de un
metro extranjero; luchaban contra él y defendían los versos que
representaban la tradición métrica del siglo xv. De entre todos,
hay que destacar a CRISTÓBAL DE CASTILLEJO, magnífico poeta
que escribió una *Represión contra los poetas españoles que escriben en verso italiano*.[8] Según MARTÍN DE RIQUER, la lucha
«quedó reducida a unos poetas tradicionalistas que vieron con
desagrado la importación de un verso extranjero, seguramente
sólo por el hecho de serlo. Incapaz el verso de arte mayor de
adquirir flexibilidad y dulzura para la expresión lírica renacentista, y siendo demasiado vivaz el octosílabo castellano, era pre-
ciso incorporar a la poesía española la métrica italiana».[9]

Cuatro son los tipos endecasílabos más importantes que se
utilizan en esta época y posteriormente:

1. *El endecasílabo enfático,* con acentos obligatorios en primera y sexta sílabas:

> *No pierda más quien ha tanto perdido;*
> *Bástete, amor, lo que ha por mí pasado;*
> *válgame agora haber jamás probado*
> *a defenderme de lo que has querido.*

GARCILASO DE LA VEGA

---

8. Como dice NAVARRO TOMÁS, «el endecasílabo no dejó de ser considerado como metro extranjero hasta que se borró el recuerdo del verso de arte
mayor y de las coplas reales castellanas y de pie quebrado que representaban la
tradición métrica del siglo xv» (*Métrica española*, p. 175).

9. *Resumen de versificación*, p. 48.

2. El *endecasílabo heroico,* con acentos en segunda y sexta sílabas:

> *A Dafne ya los brazos le crecían,*
> *y en luengos ramos vueltos se mostraban;*
> *en verdes hojas vi que se tornaban*
> *los cabellos que al oro escurecían.*

GARCILASO DE LA VEGA

3. El *endecasílabo melódico,* con acentos obligatorios en tercera y sexta sílabas:

> *A la entrada de un valle, en un desierto,*
> *do nadie atravesaba ni se vía,*
> *vi que con estrañeza un can hacía*
> *estremos de dolor con desconcierto;*

GARCILASO DE LA VEGA

4. El *endecasílabo sáfico,* con acentos obligatorios en la cuarta sílaba y en la sexta u octava:

> *¡Oh miserable estado, oh mal tamaño!*
> *¡Que con lloralla cresca cada día*
> *la causa y la razón por que lloraba!*

GARCILASO DE LA VEGA

A partir de entonces, todas las épocas de la historia de nuestra lírica han utilizado el endecasílabo en las más variadas estrofas.[10]

3.5.3. VERSOS COMPUESTOS

A partir de las doce sílabas, inclusive, los versos son compuestos, es decir, formados por dos versos simples, separados por una *cesura* (v. § 4.1.1.).

---

10. También se ha utilizado en castellano desde el siglo XIV un tipo de endecasílabo, denominado de *gaita gallega,* que se caracteriza por su acentuación en primera, cuarta y séptima sílabas.

Las condiciones exigidas por un verso compuesto son:

1. La cesura o pausa que divide los dos versos integrantes impide la sinalefa.

2. En el primer verso simple se realiza el cómputo silábico según la posición del acento en las últimas tres sílabas, del mismo modo que si fuese un verso simple normal (v. § 1.5).

3. La cesura tiene una duración menor que la pausa versal (v. § 4.1.1).

4. El tono en el verso compuesto se desliza a menor frecuencia que en el verso simple (v. § 4.2).

Veamos un ejemplo:

> —*¡Oh, Reyes! —les dice— Yo soy una niña*
> *que oyó a los vecinos pastores cantar.*
> *Y desde la próxima florida campiña*
> *miró vuestro regio cortejo pasar.*

RUBÉN DARÍO

Cada dodecasílabo de esta estrofa está formado por dos hexasílabos:

—¡Oh, Reyes! —les dice— / Yo soy una niña	(6 + 6)
que oyó a los vecinos / pastores cantar.	(6 + 6)
Y desde la próxima / florida campiña	(6 + 6)
miró vuestro regio / cortejo pasar.	(6 + 6)

En el primer dodecasílabo coinciden las sílabas fonológicas con las sílabas métricas. El segundo dodecasílabo presenta las siguientes peculiaridades: el primer hexasílabo tiene dos sinalefas y cuatro sílabas fonológicas: total, seis sílabas métricas; el segundo hexasílabo posee cinco sílabas fonológicas, pero como es oxítono *(cantár)* hay que contar un tiempo métrico más; total, seis sílabas métricas.

En el tercer dodecasílabo tenemos: siete sílabas fonológicas en el primer hexasílabo, pero como *próxima* es una palabra proparoxítona, las dos últimas sílabas fonológicas equivalen a una sola sílaba métrica; por lo tanto, seis sílabas métricas. El segundo hexasílabo no plantea problemas.

Y por último, el segundo hexasílabo del último verso es también oxítono, por lo que habrá que contar una sílaba más.

Veamos otra estrofa constituida por versos compuestos de dos heptasílabos (7 + 7):

> *Por casco sus cabellos, su pecho por coraza,*
> *pudiera tal guerrero, de Arauco en la región,*
> *lancero de los bosques, Nemrod que todo caza,*
> *desjarretar un toro, o estrangular un león.*

> RUBÉN DARÍO

El último verso presenta la cesura despúes de *toro:*

> *desjarretar un toro, | o estrangular un león.*

La sinalefa *toro o* que se produciría en un verso simple, aquí no se realiza por mor de la cesura.[11]

Los tipos más importantes de verso compuesto son:[12]

3.5.3.1. *Dodecasílabo.* — Consta de doce sílabas «6 + 6» o «7 + 5». Es el metro solemne de los poetas de los siglos XIV y XV. Se le denominó *Verso de arte mayor,* y alcanzó gran prestigio por haberlo utilizado JUAN DE MENA en su *Laberinto de Fortuuna:*

---

11. El segundo heptasílabo de este mismo verso es interesante desde el punto de vista métrico: 1.º) Hay una sinalefa en *o estrangular;* 2.º) Sinéresis en *león,* es decir, una sílaba en lugar de dos (*le-ón*), como sería normativamente; 3.º) Por ser oxítono, se cuenta una sílaba más: *o es-tran-gu-lar-un-león* + 1 sílaba = 7 sílabas métricas.

12. El decasílabo se ha utilizado a veces como verso compuesto de dos pentasílabos («5 + 5»), como en la *Rima XV* de G. A. BÉCQUER:
> *Cendal flotante de leve bruma,*
> *rizada cinta de blanca espuma,*
> *rumor sonoro*
> *de arpa de oro,*
> *beso del aura, onda de luz,*

Volviendo los ojos a do me mandaua,
vi más dentro muy grandes tres ruedas,
las dos eran firmes ynmotas e quedas,
mas la de en medio boltar no cessaua;
e vi que debaxo de todas estaua
cayda por tierra gente ynfinita,
que auía en la frente cada cual escrita
el nombre e la suerte por donde pasaua.

JUAN DE MENA

He aquí una estrofa de dodecasílabos formados por hexasílabos:

Adiós para siempre la fuente sonora,
del parque dormido eterna cantora.
Adiós para siempre; tu monotonía,
fuente, es más amarga que la pena mía.

ANTONIO MACHADO

Véase un ejemplo de estrofa de dodecasílabos constituidos por heptasílabos y pentasílabos:

Ven, reina de los besos, flor de la orgía,
amante sin amores, sonrisa loca..
Ven, que yo sé la pena de tu alegría
y el rezo de amargura que hay en tu boca.

MANUEL MACHADO

3.5.3.2. *Alejandrino.* — Consta de catorce sílabas. Es un verso de gran importancia en nuestra métrica. Muy utilizado en

---

eso eres tú.
¡Tú, sombra aérea, que cuantas veces
voy a tocarte, te desvaneces
como la llama, como el sonido,
como la niebla, como el gemido
del lago azul!

La intención de construir el poeta estos decasílabos compuestos puede comprobarse en el séptimo verso, donde el primer hemistiquio (*¡Tú, sombra aérea!*), es proparoxítono, contándose las dos últimas sílabas fonológicas (*re-a*), como una sola sílaba métrica: Tú-som-bra‿a-é-re-a=7 sílabas fonológicas; —1 sinalefa y —1 sílaba, por ser proparoxítona=5 sílabas métricas.

el siglo XIII por los poetas del Mester de Clerecía, desaparece
prácticamente a partir del siglo XV, para resurgir espléndidamente
en el XIX, con el romanticismo. Los poetas modernos lo han utilizado con gran maestría y belleza, sustituyendo a otros metros,
como el endecasílabo, en la confección de sonetos. El nombre de
alejandrino se debe a que fue en este metro en el que se compuso el *Roman d'Alexandre* de LAMBERT LE TORS y ALEXANDRE
DE BERNEY, en la segunda mitad del siglo XII, y fuente de nuestro *Libro de Alexandre*.

> *Desenparó su casa e quanto que avia,*
> *non disso a ninguno lo que facer querria,*
> *fue pora la eglesia del logar do seya,*
> *plorando de los oios quanto más se podia.*

GONZALO DE BERCEO

> *Su verso es dulce y grave; monótonas hileras*
> *de chopos invernales en donde nada brilla;*
> *renglones como surcos en pardas sementeras,*
> *y lejos, las montañas azules de Castilla.*

ANTONIO MACHADO

3.5.3.3. *Versos de más de catorce sílabas.* — Aunque existen, raramente se han empleado en nuestra métrica los versos de
quince, dieciséis y hasta veinte sílabas.

3.5.3.3.1. *Pentadecasílabo.* — Consta de quince sílabas:

> *¿Del cíclope al golpe qué pueden las risas de Grecia?*
> *¿Qué pueden las gracias, si Herakles agita su crin?*

RUBÉN DARÍO

3.5.3.3.2. *Hexadecasílabo.* — Consta de dieciséis sílabas:

> *Decidido las montañas el resuelto tren perfora*
> *el redoble acompasado de su marcha monofónica.*

SALVADOR RUEDA

3.5.3.3.3 *Heptadecasílabo*. — Consta de diecisiete sílabas:

Dios salve al rey del verso, que con su canto de bronce impera
y habla la fabulosa lengua del pájaro y de la fiera:
varón de fuertes bíceps, pecho velludo, frente altanera,
que desdobla en la India las cuatro rayas de su bandera.

JOSÉ SANTOS CHOCANO

3.5.3.3.4. *Octodecasílabo*. — Consta de dieciocho sílabas:

Bajo de las tumbas que recios azotan granizos · y vientos,
sobre las montañas de cumbres altivas y toscos cimientos,
y en mares, y abismos, y rojos volcanes de luz que serpea,
feroz terremoto retiembla y se agita cual sorda marea.

SALVADOR RUEDA

3.5.3.3.5. *Eneadecasílabo*. — Consta de diecinueve sílabas:

Los tristes gajos del sauce lloran temblando su inmortal rocío
como estrofas de Prudhomme lloran las ondas, cíngaras del río...
Parece un gran lirio la nívea cabeza del viejo Patriarca.

J. HERRERA REISSIG

4. PAUSA. TONO. ENCABALGAMIENTO

4.1. PAUSA

La emisión de cada grupo fónico requiere un descanso más o menos largo a su final, que llamamos *pausa*. Esta pausa puede estar motivada: 1. Por la necesidad fisiológica de respirar (no hay voz sin aire); 2. Por razones sintácticas: fin de oración, hipérbaton, vocativo intercalado, oración adjetiva explicativa, ciertos tipos de subordinaciones oracionales, etc. Lo ideal es que ambas causas se produzcan al mismo tiempo; cuanto más aunadas vayan, tanto más perfecto será el verso.

4.1.1. CLASES DE PAUSA

Los tipos de pausa son:

1. *La pausa estrófica,* que se produce al final de cada estrofa; es obligada.

2. La *pausa versal,* que se produce al final de cada verso; es obligada.

3. La *pausa interna,* que se produce en el interior de un verso; no es obligada: puede existir o no. Si existe, el verso se denomina *verso pausado;* si no existe, *verso impausado.* La pausa interna, a diferencia de las otras dos, permite la sinalefa.

> *Dejad que a voces | diga el bien que pierdo, | |*
> *si con mi llanto | a lástima os provoco; | |*
> *y permitidme hacer cosas de loco, | |*
> *que parezco muy mal,* | amante y cuerdo. | | |*

> La red que rompo / y la prisión que muerdo, //
> y el tirano rigor que adoro y toco, //
> para mostrar mi pena / son muy poco, //
> si por mi mal / de lo que fui me acuerdo. ///

FRANCISCO DE QUEVEDO

En las dos estrofas transcritas más arriba hemos señalado con / la pausa interna; con // la pausa versal, y con /// la pausa estrófica.

La pausa interna del segundo y quinto versos no rompen las sinalefas *llanto a, rompo y,* de los versos correspondientes.

4. La *cesura* es una pausa versal que se produce en el interior del verso compuesto, y lo divide en dos *hemistiquios* iguales (*isostiquios*, «7 + 7», por ejemplo) o desiguales (*heterostiquios* «7 + 5», por ejemplo).

La cesura requiere ciertas condiciones:

1.ª Darse en verso compuesto.

2.ª Como realmente es pausa versal, impide la sinalefa.

3.ª Por la misma razón, si el primer hemistiquio es oxítono, se computará una sílaba métrica más; si es proparoxítono, las dos últimas sílabas equivaldrán a una sola métrica:

> Lanzóse el fiero bruto // con ímpetu salvaje, //
> ganando a saltos locos // la tierra desigual, //
> salvando de los brezos // el áspero ramaje //
> a riesgo de la vida // de su jinete real. //

JOSÉ ZORRILLA

La estrofa anterior está formada por cuatro alejandrinos; cada uno de ellos tiene una cesura que los divide en dos hemistiquios iguales.

4.2. TONO

El tono es el responsable del comportamiento melódico de cada verso en particular, y de la estrofa en general. Sus variaciones dependen:

1.º De la longitud del grupo fónico: cuanto más largo sea éste, tanto más bajo será el tono, y viceversa. De ahí que el endecasílabo impausado (el grupo fónico medio máximo) tenga un tono más bajo que el octosílabo y resulte, por lo tanto, más solemne, más ceremonioso; el hexasílabo, el heptasílabo y el octosílabo, por ser grupos fónicos menores, tienen un tono más alto, lo que les hace idóneos para composiciones más populares, más ágiles y vivas.

2.º Del tipo de pausa que siga a la terminación del grupo fónico: cuanto más larga sea la pausa, tanto más bajo será el final del tono; por ello, ante la pausa estrófica, la más larga, es cuando desciende más el tono, y muy poco ante la pausa interna.

3.º Del significado del grupo fónico: evidentemente, si el enunciado es una afirmación, el tono descenderá; si es una interrogación, ascenderá, al menos que lleve una partícula interrogativa, en cuyo caso, para evitar reduplicaciones, el tono desciende; si hay duda, el tono terminará en suspensión.

Si en el interior del verso se dan finales de grupo fónico, habrá que señalar estas terminaciones tonales, y donde forzosamente habrá que marcarlas es al final de cada verso, teniendo en cuenta que la inflexión final del tono siempre se produce a partir de la última vocal acentuada.

> Lope quedó, ↓ que es el que vive agora, ↓
> ¿No estudia Lope? ↑ ¿Qué queréis que os diga, ↓
> si él me dice que Marte le enamora? ↓
>
> LOPE DE VEGA

4.3. ENCABALGAMIENTO

El encabalgamiento es un desajuste que se produce en la estrofa cuando una pausa versal no coincide con una pausa morfosintáctica.[1]

1. Para el encabalgamiento, véase ANTONIO QUILIS: *La estructura del encabalgamiento en la métrica española*, Madrid, C. S. I. C., Anejo LXXVII, de la *Revista de Filología Española*, 1964.

Ya nos hemos referido antes al hecho de que cada verso requiere forzosamente una pausa; sin embargo, puede suceder que por razones morfosintácticas la realización de esa pausa obligada resulte violenta.

Si efectivamente el encabalgamiento es un desacuerdo entre el metro y la sintaxis, debemos basarnos en ésta para concretar los casos en que el fenómeno pueda realizarse.

Hay ciertas partes de la oración que se presentan estrechamente unidas en el enunciado: cuando hablamos o leemos, nunca hacemos pausa entre ellas. Denominamos *sirremas* la agrupación de estas partes que no permiten una pausa en su interior.

En español, los sirremas son los siguientes:

1. Sustantivo + adjetivo o viceversa: «el *perro blanco*».

2. Sustantivo + complemento determinativo: «el *libro de Luis*».

3. Verbo + adverbio o viceversa: «Juan *come bien*».

4. Pronombre átono, preposición, conjunción y artículo + + el elemento que introducen: «*el perro* va *por allí*».

5. Tiempos compuestos de los verbos y perífrasis verbales: «*ha llovido* mucho», «no *dejamos de ser* nosotros mismos».

6. Palabras con preposición: «*salir de* paseo», «*salir con* Juan».

7. Las oraciones adjetivas especificativas, que precisamente se oponen a las explicativas por ausencia de pausa en las primeras y presencia de pausa en las segundas: «Los *alumnos que viven lejos* llegan tarde», frente a «Los *alumnos, que viven lejos,* llegan tarde».

Este desajuste entre el metro y la sintaxis produce un efecto anormal en la estructura estrófica; y esta anormalidad es precisamente la característica constante que preside el fenómeno del encabalgamiento.

La no coincidencia entre la estructura morfosintáctica de la frase o de parte de ella, y la estructura del verso, tiene dos facetas, ambas anómalas.

Supongamos una estrofa como

> *¡Oh desmayo dichoso!*
> *¡Oh muerte que das vida! ¡Oh dulce olvido!*
> *¡Durase en tu reposo*
> *sin* ser restituido
> jamás *a aqueste bajo y vil sentido!*

FRAY LUIS DE LEÓN

en la que se produce un encabalgamiento entre los versos cuarto y quinto: *sin ser restituido + jamás. Ser restituido jamás* forma un sirrema del tipo «verbo + adverbio». El dilema que se presenta es el siguiente:

a) Si respetamos la pausa versal, obligatoria, introducimos esta pausa entre unos elementos sintácticamente impausados, lo que representa una anomalía:

> ¡Oh desmayo dichoso! //
> ¡Oh muerte que das vida! / ¡Oh dulce olvido! //
> ¡Durase en tu reposo //
> *sin ser restituido* //
> *jamás* a aqueste bajo y vil sentido! ///

b) Si mantenemos la condición impausada del sirrema, no hacemos la pausa versal obligatoria, lo que también representa una anomalía:

> ¡Oh desmayo dichoso! //
> ¡O muerte que das vida! / ¡Oh dulce olvido! //
> ¡Durase en tu reposo //
> *sin ser restituido*
> *jamás* a aqueste bajo y vil sentido! ///

Es decir, en cualquiera de los casos se produce un hecho anormal, y esta anormalidad es el origen del encabalgamiento, que, utilizado con destreza, posee un alto valor expresivo.

4.3.1. Verso encabalgante y verso encabalgado

Como el encabalgamiento consiste en la escansión de un lexema, de un sirrema o de una oración especificativa entre dos versos, creemos necesario hacer la distinción entre *verso encabalgante*, que es en el que se inicia el encabalgamiento y *verso encabalgado*, que es donde termina; en los versos

> ¿Quién me dijera, cuando en las passadas
> horas *en tanto bien por vos me vía*...
>
> Garcilaso de la Vega

el primero (*¿Quién me dijera, cuando en las passadas*) es el verso encabalgante, y el segundo (*horas en tanto bien por vos me vía*) el encabalgado.

4.3.2. Clases de encabalgamiento

4.3.2.1. En cuanto al tipo de verso en el que se produce, puede ser:

4.3.2.1.1. *Encabalgamiento versal.* — El que coincide con la pausa final (pausa versal) del verso simple:

> Pues ya de ti no puedo defenderme,
> yo tornaré a mi cuento cuando hayas
> prometido *una gracia concederme*.
>
> Garcilaso de la Vega

el encabalgamiento se produce entre el segundo y el tercer versos: *hayas/prometido*.

4.3.2.1.2. *Encabalgamiento medial.* — El que coincide con la cesura, en un verso compuesto:

> El monstruo expresa un ansia del corazón del Orbe,
> en el Centauro el bruto la vida humana absorbe
> el sátiro es la selva sagrada y la lujuria.
>
> Rubén Darío

el encabalgamiento se produce en el primer verso compuesto en *ansia/del corazón,* y, en el tercero, en *selva/sagrada.*

4.3.2.2. En cuanto a la unidad que escinde, puede ser:

4.3.2.2.1. *Encabalgamiento léxico.* — Cuando la pausa versal divide una palabra:

> Y *mientras* miserable-
> mente *se están los otros abrasando*
> *con sed insacïable*
> *del no durable mando,*
> *tendido yo a la sombra esté cantando.*
>
> FRAY LUIS DE LEÓN

> *Todos miran*
> *al cielo, abriendo* inmensa-
> mente *los ojos, olvidados*
> *de la tarde...*
>
> JUAN RAMÓN JIMÉNEZ

> *Asno blanco; verde y* ama-
> rillo *de parras de otoño;*
> *asno dulce y blanco, penas*
> *lleva tu duelo de adorno.*
>
> JUAN RAMÓN JIMÉNEZ

> *Pesado buey, tú evocas la dulce madrugada*
> *que llamaba a la ordeña de la vaca lechera,*
> *cuando era mi existencia toda blanca y rosada,*
> *y tú paloma arrulladora y motañera,*
> *significas en mi primavera pasada*
> *todo lo que hay en la divina Primavera.*
>
> RUBÉN DARÍO

La cesura se encuentra en el interior de la palabra *arrulladora*: «y tú paloma arru-/lladora y montañera». El primer hemistiquio es heptasílabo: hay que tener en cuenta que cuando la cesura divide una palabra, su primera mitad cobra acento propio sobre su última sílaba, convirtiéndose en un hemistiquio oxítono: «y-tu-pa-lo-ma̯ a-rrú + 1 sílaba» = 7 sílabas métricas.

4.3.2.2.2. *Encabalgamiento sirremático.* — Cuando la pausa incide en el interior de un sirrema.

Sirrema formado por «sustantivo + adjetivo»:

> *¡Qué descansada vida*
> *la del que huye el mundanal ruïdo,*
> *y sigue la escondida*
> *senda, por donde han ido*
> *los pocos sabios que en el mundo han sido!*

FRAY LUIS DE LEÓN

> *El sol de la caliente llanura vinariega* [2]
> *quemó su piel, mas guarda frescura en la bodega*
> *su corazón: devota, sabe rezar con fe*
> *para que Dios nos libre de cuanto no se ve.*

ANTONIO MACHADO

Sirrema formado por «sustantivo + complemento determinativo»:

> *Yo voy soñando caminos*
> *de la tarde. ¡Las colinas*
> *doradas, los verdes pinos,*
> *las polvorientas encinas!...*

ANTONIO MACHADO

> *Brumas septentrionales nos llenan de tristezas,*
> *se mueren nuestras rosas, se agostan nuestras palmas,*
> *casi no hay ilusiones para nuestras cabezas*
> *y somos los mendigos de nuestras pobres almas.* [3]

RUBÉN DARÍO

2. «El sol de la caliente / llanura vinariega»; cesura entre el adjetivo y el sustantivo de un sirrema.

3. «y somos los mendigos / de nuestras pobres almas»; cesura entre el sustantivo y el complemento determinativo.

Sirrema formado por «verbo + adverbio»:

> ¿Y tú, desta mi vida ya olvidada,
> sin mostrar un pequeño sentimiento
> de que por tí Salicio triste muera,
> dejas llevar, desconocida, al viento
> el amor y la fe que ser guardada
> eternamente solo a mi debiera?

GARCILASO DE LA VEGA

> Maravillosamente danzaba. Los diamantes[4]
> negros de sus pupilas vertían un destello;
> era bello su rostro, era un rostro tan bello
> como el de las gitanas de don Miguel de Cervantes.

RUBÉN DARÍO

Sirrema formado por «artículo + sustantivo»:

> FIDELINA
> diamantina,
> dulce y fina,
> mira la
> hoja inquieta
> que interpreta
> al poeta
> que se va...

RUBÉN DARÍO

etcétera.

4.3.2.2.3. *Encabalgamiento oracional.* — Cuando la pausa se encuentra situada después del antecedente, en una oración adjetiva especificativa:

> Descolorida estaba como rosa
> que ha sido fuera de sazón cogida,
> y el ánima, los ojos ya volviendo,
> de su hermosa carne despidiendo...

GARCILASO DE LA VEGA

---

4. «Maravillosamente / danzaba. Los diamantes»; cesura entre el adverbio y el verbo.

> Faltos *del* alimento que dan *las grandes cosas*[5]
> *¿Qué haremos los poetas sino buscar tus lagos?*
> *A falta de laureles son muy dulces las rosas,*
> *y a falta de victorias busquemos los halagos.*

Rubén Darío

4.3.2.3. En cuanto a la longitud del verso encabalgado, puede ser:

4.3.2.3.1. *Encabalgamiento abrupto.* — Cuando la fluidez del verso encabalgante se detiene antes de la quinta sílaba del encabalgado, esto es, se hace pausa antes de esa sílaba:

> *Mas luego vuelve en sí el* engañado
> ánimo, *y conociendo el desatino,*
> *la rienda suelta largamente al lloro.*

Fray Luis de León

> *Mejores sean por vos los que eran* buenos
> guzmanes, *y la cumbre desdeñosa*
> *os muestre a su pesar campos serenos.*

Epístola moral a Fabio

4.3.2.3.2. *Encabalgamiento suave.* — Cuando el verso encabalgante continúa fluyendo sobre el encabalgado hasta las sílabas quinta o sexta o hasta el final del verso, suponiendo que, por motivos sintácticos, esté tan perfectamente encadenado que no podamos detenernos antes:

> *Dexémosla pasar como a la* fiera
> corriente del .gran Betis, *cuando airado*
> *dilata hasta los montes su ribera.*

Epístola moral a Fabio

> *Del mayor infanzón de* aquella pura
> república de grandes hombres *era*
> *una vaca sustento y armadura...*

Francisco de Quevedo

---

5. «Faltos del alimento / que dan las grandes cosas»; cesura antes del relativo de una oración adjetiva especificativa.

Acústicamente, existe una diferencia notable entre ambos tipos de encabalgamiento basada en el comportamiento tonal: en el encabalgamiento suave, como el grupo fónico es más largo, el tono desciende suave y lentamente (fig. 1: esquema figurado del descenso de tono en un encabalgamiento suave), mientras que en el abrupto se manifiesta una caída rápida del tono por ser el gru-

Fig. 1

Fig. 2

po fónico más corto (fig. 2: esquema figurado del descenso del tono en un encabalgamiento abrupto).

4.3.3. Encabalgamiento y rima

La pausa y la rima constituyen el marco métrico del verso. Como con el encabalgamiento lo que sucede es que se anula la pausa versal, en la gran mayoría de los casos, ésta ya no sigue ejerciendo el oficio de compuerta cerrada al final del verso; pero, como un hito que señala ese mismo lugar, permanece otro recurso, la rima, cuya misión es la de relevar en sus funciones a la pausa versal: la sensación de unidad que lleva implícito todo verso pausado queda rota al suprimir la pausa, pero momentáneamente, porque al volver a sonar en nuestro oído la segunda rima, el recuerdo de la primera, todavía reciente, resucita en nosotros, y tanto más sensible será el encabalgamiento cuanto más perfecta sea la rima y el final del verso.

4.3.4. Braquistiquio

El braquistiquio o hemistiquio corto, es la estructuración pausal más breve del verso español; no llega a cuatro tiempos. El braquistiquio es de un gran efecto expresivo dentro de nuestras formas de elocución; es un corte, una pausa breve, que, como tal, ya supone el interés del poeta por poner alguna cosa de relieve. Además, el braquistiquio no supone encabalgamiento; se puede producir el braquistiquio en el encabalgamiento, y dar origen a lo que antes hemos denominado encabalgamiento abrupto, pero también puede darse y de hecho se da muy a menudo, de forma completamente autónoma.

Veamos algunos ejemplos:

> *Las enseñas grecianas, las banderas*
> *del senado y romana monarquía*
> murieron, *y pasaron sus carreras*
>
> Epístola moral a Fabio

> *Las hojas que en las altas selvas vimos*
> cayeron, *y nosotros a porfía*
> *en nuestro engaño inmóviles vivimos.*
>
> Epístola moral a Fabio

En los versos transcritos las palabras *murieron* y *cayeron* quedan entre dos pausas, separadas del resto de la composición: por un lado, una pausa versal las separa del verso anterior; por otro, una pausa interna, más breve, marca una pequeña separación dentro del verso en que deben ir enclavadas. Y estas pausas son las que ponen de relieve el braquistiquio. Leeríamos así los versos señalados:

> Las enseñas grecianas / las banderas
> del senado / y romana monarquía / /
> *murieron* / y pasaron sus carreras. / / /

> Las hojas que en las altas selvas vimos / /
> *cayeron* / y nosotros a porfía / /
> en nuestro engaño inmóviles vivimos. / / /

El braquistiquio, como ya hemos anotado, es una forma de potenciación estilística de ciertas palabras, potenciación basada también en el comportamiento tonal: al ser el braquistiquio un grupo fónico muy corto, entre dos pausas, el nivel del tono es superior al del resto del verso, poniéndose, de este modo, de relieve. Este braquistiquio también puede estar situado al final del verso, produciendo análogos efectos:

> La mala yerba al trigó ahoga, y nace
> en lugar suyo la infelice avena.

GARCILASO DE LA VEGA

> Corres sereno y majestuoso, y luego
> en ásperos peñascos quebrantado,
> te abalanzas violento, arrebatado
> como el destino irresistible y cierto.

HEREDIA

Ambos braquistiquios quedan aislados entre dos pausas: antes, la pausa intermedia; después, la pausa versal.

II

LA ESTROFA

5. LA ESTROFA

5.0. Un verso aislado no es realmente nada, ni siquiera un verso: es una sentencia o un enunciado de cualquier tipo. Para que un verso pueda ser considerado como tal, tiene que estar con otro u otros versos, en función de una unidad superior a ellos mismos que llamamos *estrofa*.

5.1. PROPIEDADES DE LA ESTROFA

Una estrofa tiene que reunir una serie de condiciones determinadas; debe poseer:

5.1.1. *Un axis rítmico.*[1] — En los capítulos precedentes hemos visto cómo ciertos elementos que son los factores más importantes del verso, se integran y acumulan en una de sus partes:

a) el *acento* de cada verso siempre está situado sobre el núcleo silábico de la penúltima sílaba métrica.

b) la *cantidad* de cada verso está en función de la penúltima sílaba métrica.

c) la inflexión del *tono* de cáda verso se produce a partir de la penúltima sílaba métrica.

d) la *rima*, o reiteración del timbre de los últimos fonemas de cada verso se tiene en cuenta a partir del núcleo silábico de la penúltima sílaba métrica acentuada.

---

1. V. BALBÍN: *Sistema de rítmica castellana,* cap. III: «El axis rítmico en la estrofa castellana», Madrid, 2.ª edición, 1968, pp. 38-60.

Es decir, que los cuatro elementos del sonido —acento, cantidad, tono y timbre— se acumulan en la penúltima sílaba métrica de cada verso, que, por lo tanto, reúne la culminación intensiva, cuantitativa, tonal y de timbre. La culminación de estos factores en cada uno de los versos que compone la estrofa constituye el axis rítmico estrófico:

Podemos analizar estos elementos en la siguiente estrofa de NICOLÁS FERNÁNDEZ DE MORATÍN:

> Madrid, castillo famoso,
> que al rey moro alivia el miedo,
> arde en fiestas en su coso
> por ser el natal dichoso
> de Alimenón de Toledo.

El axis rítmico de esta estrofa se constituiría del siguiente modo:

Madrid, castillo fa-	m/ó - so
que al rey moro alivia el	mi/é - do
arde en fiestas en su	c/ó - so
por ser el natal di-	ch/ó - so
de Alimenón de To-	l/é - do

como vemos, sobre las sílabas *mó* (de *famoso*), *mié* (de *miedo*), *có* (de *coso*), *chó* (de *dichoso*), *lé* (de *Toledo*).

Este axis es realmente el eje, el centro de la estrofa, ya que a partir de él consideramos:

a) el ritmo yámbico o trocaico de cada verso;

b) el número de sílabas de cada verso;

c) la forma cualitativa de la rima;

d) la forma cuantitativa de la rima;

e) la inflexión tonal;

f) la frontera versal;

g) el tipo de estrofa, según sean iguales o diferentes los versos.

5.1.2. *Un número determinado de rimas,* y una distribución de las mismas, ya que éstas no sirven solamente para marcar la frontera versal, sino que tienen una función importantísima en la articulación de un grupo de versos.

5.1.3. *Una estructura sintáctica* determinada; es decir, que el enunciado completo coincida con la pausa estrófica. El principio que considera la estrofa como unidad sintáctica impera sobre la versificación desde los tiempos más remotos.

En algunos poetas, y por una motivación esteticista, no se cumple este principio. La causa puede buscarse en una imitación de la poesía greco-latina, donde era frecuente la prolongación de la frase sobre la estrofa siguiente (por ejemplo, en Ho-RACIO).[2]

5.1.4. *Un sistema estructurado de versos.* — En este sistema, es necesario que el número y el tipo de cada verso, así como el número y la distribución de las rimas, estén en cierta relación, sea fijo y se repita en cada estrofa.[3]

El número de versos de cada estrofa es ilimitado, y generalmente viene determinado por las tendencias o el gusto de cada época. Sin embargo, en la práctica, una estrofa no debe pasar de los diez versos, pues de otro modo es imposible la percepción global del sistema de rimas utilizado, e incluso la perfecta comprensión del significado enunciado en ella.

5.2. División de las estrofas en cuanto al tipo de verso

Las estrofas se pueden dividir, en cuanto al tipo cuantitativo de los versos que las integran, del siguiente modo:

5.2.1. *Estrofas isométricas,* cuando todos los versos que integran la estrofa tienen el mismo número de sílabas métricas:

> *Castilla tiene castillos,*
> *pero no tiene una mar.*

2. V. Theodor Elwert: *Traité de versification française,* p. 141.
3. Theodor Elwert: *op. cit.,* p. 144.

> *Pero sí una estepa grande,*
> *mi amor, donde guerrear.*
> *Mi pueblo tiene castillos,*
> *pero además una mar,*
> *una mar de añil y grande,*
> *mi amor, donde guerrear.*

RAFAEL ALBERTI

Como en este caso el axis rítmico siempre coincide con la séptima sílaba métrica, es un *axis isopolar*.

5.2.2. *Estrofas heterométricas:* la estrofa está constituida por dos o más versos de distinto número de sílabas métricas:

> *Y todos cuantos vagan,*
> *de ti me van mil gracias refiriendo,*
> *y todos más me llagan,*
> *y déjame muriendo*
> *un no sé qué, que quedan balbuciendo.*

SAN JUAN DE LA CRUZ

los versos primero, tercero y cuarto son heptasílabos, y el segundo y quinto, endecasílabos. El axis rítmico va situado en las sílabas 6.ª (primer verso), 10.ª (segundo verso), 6.ª (tercero y cuarto versos) y 10.ª (quinto verso). Este axis será, por lo tanto, *heteropolar*.

5.3. REPRESENTACIÓN DE LA ESTRUCTURA
DE LAS ESTROFAS

Para representar la estructura de las estrofas, y poder dar el patrón de las mismas, es costumbre señalar la distribución de las rimas por medio de letras. Normalmente, se siguen dos tipos de transcripción: *a*) uno distingue los versos de arte mayor por medio de letras mayúsculas y los de arte menor con letras minúsculas; según este procedimiento, el esquema de la estrofa de

San Juan de la Cruz transcrita más arriba, sería el siguiente: $aBabB$; *b*) el otro tipo únicamente emplea letras minúsculas, indicando el número de sílabas de los versos por medio de subíndices: a_7 b_{11} a_7 b_7 b_{11} sería el patrón de la mencionada estrofa.

5.4. Formas estróficas

En cuanto al número de versos que conforman las estrofas, éstas pueden ser:

5.4.1. *Estrofas de dos versos*

5.4.1.1. *Pareado.* — Es la estrofa más sencilla; está formada por dos versos que riman entre sí. El pareado forma por sí solo una estrofa, empleado sobre todo como expresión popular en la formación de refranes y máximas filosóficas. Los dos versos que forman el pareado pueden ser iguales:

> *Al que a buen árbol se arrima,*
> *buena sombra le cobija.*

Refrán

o diferentes:

> *Todo necio*
> *confunde valor y precio.*

Antonio Machado

Lo importante es que tenga una sola rima.

También los pareados pueden unirse formando composiciones más amplias. En España se intentaron aclimatar, sin éxito, en el siglo xviii, tomándolos de la poesía francesa. En el xix las empleó con más fortuna Federico Balart. Un ejemplo de este tipo de composición puede verse en § 2.3.2.

El pareado, con mayor o menor regularidad, se ha empleado en todas las épocas de nuestra literatura.

Tan alegre el marinero.
Tan triste, amante, el minero.
Tan azul el marinero.
Tan negro, amante, el minero.

R. ALBERTI

5.4.2. *Estrofas de tres versos*

5.4.2.1. *Terceto.* — Está constituido por tres versos de arte mayor que riman normalmente *ABA*:

Avaro miserable es el que encierra
la fecunda semilla en el granero,
cuando larga escasez llora la tierra.

V. RUIZ DE AGUILERA

Pero, normalmente, el terceto no se usa solo, sino en series con otros tercetos o con otros tipos de estrofa (p. ej., en el soneto). Los *tercetos encadenados* son el caso más frecuente: series de tercetos endecasílabos cuyo patrón es el siguiente: *ABA - BCB - CDC - ... - XYX - YZYZ.* Como puede observarse, la última estrofa es de cuatro versos: en realidad, es un terceto al que se le ha añadido otro verso que rima con el segundo, para que no quede sola esta rima:

A Pasáronse las flores del verano,
B el otoño pasó con sus racimos,
A pasó el invierno con sus nieves cano;

B las hojas, que en las altas selvas vimos,
C cayeron, y nosotros a porfía
B en nuestro engaño inmóviles vivimos.

C Temamos al Señor que nos envía
D las espigas del año y la hartura
C y la temprana pluvia y la tardía
  ... ...

X Y ¿no serán siquiera tan osadas
Y las opuestas acciones, si las miro
X de más ilustres genios ayudadas?

Y   *Ya, dulce amigo, huyo y me retiro*
Z   *de cuanto simple amé, rompí los lazos.*
Y   *Ven y verás al alto fin que aspiro*
Z   *antes que el tiempo muera en nuestros brazos.*

Epístola moral a Fabio

El terceto fue introducido en la poesía castellana por Boscán, tomado de la poética italiana (donde se llamaba *terza rima*).[4] Es el tipo de estrofa más apropiada para epístolas, elegías, narraciones, disertaciones, especialmente para la poesía didáctica en general.

Pero el terceto no siempre se ha utilizado en forma encadenada, sino como tercetos independientes: *ABA - CDC - EFE*, o *ABB - CDD - EFF* (Lope de Vega, p. ej., en algunas de sus comedias), e incluso monorrimos independientes, *AAA - BBB - CCC*, como en la siguiente composición de Santos Chocano, *La novia abandonada,* en la que, además, los versos son de catorce sílabas:

Todas las tardes llega la novia abandonada
a sentarse en la orilla del mar; y la mirada
fija en un punto como si no mirase nada,

mientras que el mar, al son de su eterna canción,
hincha y rompe las olas, de peñón a peñón,
como un niño que juega con globos de jabón.

Los ojos de la novia preguntan por la vela
que traerá al prometido... Y el llanto los consuela...
y el alma sigue el rumbo de un pájaro que vuela...

La forma estrófica del terceto se emplea también con versos de arte menor; en este caso, recibe el nombre de *tercerilla*:

a   *Granada, Granada*
—   *de tu poderío*
a   *ya no queda nada.*

Villaespesa

4. Recordemos que la *Divina comedia,* de Dante, está escrita en tercetos.

La *soledad* tiene la misma construcción, pero con rima parcial o asonante:

> El ojo que ves no es
> ojo porque tú lo veas;
> es ojo porque te ve.

ANTONIO MACHADO

5.4.3. *Estrofas de cuatro versos*

Las estrofas de cuatro versos presentan las siguientes combinaciones:

5.4.3.1. *Cuarteto.* — Cuatro versos de arte mayor. Su rima es: *ABBA*:

> A   *Alguna vez me angustia una certeza,*
> B   *y ante mí se estremece mi futuro.*
> B   *Acechándole está de pronto un muro*
> A   *del arrabal final en que tropieza.*

JORGE GUILLÉN

El *serventesio* es una variante del cuarteto; se diferencia de éste únicamente en la distribución de la rima, que es *ABAB*:

> A   *Valerosos, enérgicos, tranquilos,*
> B   *caminan sin dudar hacia un futuro*
> A   *que tramándose está con estos hilos*
> B   *de un presente en fervor de claroscuro.*

JORGE GUILLÉN

El cuarteto, con su variante, el serventesio, se comenzó a utilizar a mediados del XVI. Ni BOSCÁN ni GARCILASO lo ensayaron como estrofa independiente.

5.4.3.2. *Redondilla.* — Cuatro versos de arte menor cuya rima es: *abba*.

a   *La tarde más se oscurece;*
b   *y el camino que serpea*
b   *y débilmente blanquea,*
a   *se enturbia y desaparece*

Antonio Machado

Una variante de la redondilla es la *cuarteta*; la distribución de su rima es: *abab*:

a   *Luz del alma, luz divina,*
b   *faro, antorcha, estrella, sol...*
a   *Un hombre a tientas camina;*
b   *lleva a la espalda un farol.*

Antonio Machado

Existe también la *cuarteta asonantada* o *tirana*, de carácter popular:

Por una mirada un mundo,
por una sonrisa un cielo,
por un beso, yo no sé
qué te diera por un beso.

G. A. Bécquer

La redondilla aparece en nuestra literatura ya en el siglo XII, aunque no se utiliza como estrofa independiente hasta el XVI. Durante la Edad Media, se emplea al principio o al final de poemas más o menos largos, canciones y decires, o al final de narraciones, como en las moralidades finales de los cuentos XVI y LI del *Conde Lucanor*, en villancicos, cantigas, etc. En la lírica del Barroco se convirtió en una de las estrofas más corrientes. Baltasar del Alcázar las utilizó muy certeramente, y Lope de Vega las aplicó con gran soltura a toda clase de asuntos, aunque en su *Arte nuevo* las recomendaba para tratar con ellas los diálogos de amor.

Con excepción del período neoclásico, durante el cual su uso disminuyó en España, aunque no en Hispanoamérica, se utilizó siempre la redondilla, aunque, por lo general, más en el teatro que en la lírica.

5.4.3.3. *Seguidillas.* — Dentro de las estrofas de cuatro versos de arte menor hay que situar las seguidillas, de las que hay varios tipos:

5.4.3.3.1. *Seguidilla simple.* — Copla en la que los versos primero y tercero son heptasílabos, y el segundo y cuarto, pentasílabos. Está atestiguada desde las jarŷas de los siglos XI y XII:

> *Des quand mío Çidiello viénid,*
> *tan buona albishara,*
> *com rayo de sol éxid*
> *en Wadalachyara.*[5]

y llega hasta nuestros días. Véase un fragmento de la *Balada de un día de julio,* de García Lorca:

> *—Estrellitas del cielo*
> *son mis quereres,*
> *¿dónde hallaré a mi amante*
> *que vive y muere?*
>
> *—Está muerto en el agua,*
> *niña de nieve,*
> *cubierto de nostalgias*
> *y de claveles.*
>
> *—¡Ay! caballero errante*
> *de los cipreses,*
> *una noche de luna*
> *mi alma te ofrece.*

5.

> *Cuando mi Cidiello viene,*
> *qué buenas albricias,*
> *como rayo del sol sale*
> *en Guadalajara*

Çidiello, diminutivo de *Cid,* Çid, derivado del árabe *sidi*=«*señor*».

5.4.3.3.2. *Seguidilla gitana.* — Los dos primeros versos son hexasílabos; el tercero, de once sílabas (o de diez), y el cuarto hexasílabo. Los versos segundo y cuarto tienen rima parcial.

> *Pensamiento mío*
> *¿adónde te vas?*
> *No vayas a casa de quien tú solías,*
> *que no pués entrar.*

> *Las que se publican*
> *no son grandes penas.*
> *Las que se callan y se llevan dentro*
> *son las verdaderas.*

Manuel Machado

5.4.3.4. *Estrofa sáfica.* — Originaria de Italia, trata de imitar los metros clásicos. Aparece en España en el siglo XVI. Consta de tres endecasílabos sáficos y un pentasílabo con acento en la primera sílaba (adónico). En un principio, la estrofa no tenía rima; a partir del Neoclasicismo solían rimar el primero y tercer endecasílabos. Más recientemente, Unamuno demostró gran interés por este tipo de estrofa: la cultivó intensamente e introdujo en ella varias modificaciones; los nuevos tipos usados por él fueron: A_{11} B_{11} C_{11} b_5; A_{11} B_{11} A_{11} b_5; A_{11} B_{11} c_7 b_5, etc.

> A   *Si de mis ansias el amor supiste,*
> B   *Tú, que las quejas de mi voz llevaste,*
> A   *oye, no temas, y a mi ninfa dile*
> c   *dile que muero.*

E. M. Villegas

> A   *Mientras no suene el grito en lo profundo*
> B   *del seno inviolado de la Tierra,*
> C   *andarás, Libertad, tú por los cielos*
> b   *y tu esclavo a la gleba.*

Miguel de Unamuno

5.4.3.5.   *Tetrástrofo monorrimo alejandrino.* — También se llama *cuaderna vía.* Es un cuarteto formado por una sola rima: *AAAA, BBBB,* etc., fue la estrofa que emplearon nuestros poetas en los siglos XIII y XIV; en él escribió sus poemas GONZALO DE BERCEO, y en él se escribieron el *Poema de Fernán González,* el *Libro de Alexandre,* etc.

> *Vistie a los desnudos, apacie los famnientos,*
> *acogie los romeos que vinien fridolientos,*
> *daba a los errados buenos castigamientos*
> *que se penitenciasen de todos fallimentos.*

GONZALO DE BERCEO

El Modernismo y la generación de 1927, tanto por influencia francesa como por amor a los primitivos poetas castellanos, usa de nuevo este tipo de estrofa, pero, generalmente, no monorrima:[6]

A   *El hombre de estos campos que incendia los pinares*
B   *y su despojo aguarda como botín de guerra,*
A   *antaño hubo raído los negros encinares,*
B   *talado los robustos robledos de la tierra.*

ANTONIO MACHADO

5.4.4.   *Estrofas de cinco versos*

5.4.4.1.   *Quinteto.* — Cinco versos de arte mayor. Fue una ampliación de la quintilla, y, por lo tanto, conserva sus mismos tipos de rima. Aparece en el Neoclasicismo, y se cultiva hasta el Modernismo:

A   *Desierto está el jardín... De su tardanza*
A   *no adivino el motivo... El tiempo avanza...*
B   *Duda tenaz, no turbes mi reposo.*
A   *Comienza a vacilar mi confianza...*
B   *El miedo me hace ser supersticioso.*

RICARDO GIL

6.   En el siglo XVII hay un soneto de PEDRO DE ESPINOSA en alejandrinos.

5.4.4.2. *Quintilla.* — Estrofa de cinco versos octosílabos. La combinación de la rima queda a la voluntad del poeta, con la condición de que no haya tres versos seguidos con la misma rima y de que los dos últimos no formen pareado. Por lo tanto, las combinaciones posibles son: *ababa, abaab, abbab, aabab, aabba.*

Parece ser que la quintilla se formó con el modelo de la redondilla, añadiéndole un verso. Aparece en castellano en el siglo XV, sin vida independiente, es decir, combinándose con otros tipos estróficos. En el Barroco, se usó mucho en el teatro, combinándola con redondillas. Decae su empleo en el Neoclasicismo, pero resurge, con la redondilla, en el Romanticismo hasta el primer período del Modernismo:

a	*Vida, pues ya nos cansamos*
b	*de andar uno y otro juntos,*
a	*tiempo es ya de que riñamos,*
a	*y en el trance a que llegamos*
b	*vamos riñendo por juntos.*

Miguel de los Santos Álvarez

Lope de Vega, por ejemplo, escribió en vivaces quintillas (que él llamaba redondillas) su extenso poema sacro *El Isidro*:

a	*Los vallados y los hoyos,*
b	*en las viñas igualados,*
b	*de nieve estaban cuajados,*
a	*pareciendo los arroyos*
b	*lazos de plata en los prados.*
a	*Ya se juntaban en corros,*
a	*ovejas, perros, cachorros,*
b	*buscando defensas hartas,*
b	*el rico en ropas de martas*
a	*y el pobre en toscos aforros.*

Véase también el siguiente ejemplo, que se aparta del esquema clásico de la quintilla:

Dormido quedé, mi amante,
al norte de tus cabellos

> bogando, amante, y soñando
> que dos piratitas negros
> me estaban asesinando.

RAFAEL ALBERTI

5.4.4.3. *Lira.* — Combinación de dos endecasílabos (el segundo y quinto versos) y tres heptasílabos, cuya rima es *aBabB*. Parece que este tipo de estrofa fue ideada en Italia por BERNARDO DE TASSO, e introducida en España por GARCILASO DE LA VEGA, en su poema *A la flor de Gnido,* cuya primera estrofa contiene la palabra *lira* que le dio su nombre:

> a Si de mi baja lira
> B tanto pudiese el son, que en un momento
> a aplacase la ira
> b del animoso viento,
> B y la furia del mar en movimiento.

Alcanzó pronto arraigo en nuestra poesía, con una gran personalidad; fue el instrumento poético que usaron nuestros grandes poetas FRAY LUIS DE LEÓN, SAN JUAN DE LA CRUZ, etc. Su empleo decae en el Barroco para florecer de nuevo en el período romántico.

> Despiértenme las aves
> con su cantar süave no aprendido,
> no los cuidados graves
> de que es siempre seguido
> quien al ajeno arbitrio está atenido.

FRAY LUIS DE LEÓN

5.4.5. *Estrofas de seis versos*

5.4.5.1. *Sextina.* — De origen italiano. La estrofa, formada por seis endecasílabos, forma parte, junto con otras cinco y un terceto de un poema o canción, que se conoce también con el nombre de sextina, y del que nos ocuparemos más adelante (véase § 6.3.4).

5.4.5.2. *Sexteto-lira.* — Estrofa formada por heptasílabos y endecasílabos, alternados. Su rima es *aBaBcC*. La utilizó FRAY LUIS DE LEÓN en las traducciones de HORACIO; veamos la del *O navis*:

a	*¿Tornarás por ventura*
B	*a ser de nuevas olas, nao, llevada*
a	*a probar la ventura*
B	*del mar, que tanto tienes ya probada?*
c	*¡Oh! Que es gran desconcierto.*
C	*¡Oh! Toma ya seguro, estable puerto.*

SAN JUAN DE LA CRUZ empleó también esta estrofa, pero disponiendo los metros y las rimas simétricamente:

a	*¡Oh llama de amor viva,*
b	*que tiernamente hieres*
C	*de mi alma en el más profundo centro!*
a	*pues ya no eres esquiva,*
b	*acaba ya, si quieres;*
C	*rompe la tela deste dulce encuentro.*

5.4.5.3. *Sexta rima.* — Estrofa de procedencia italiana, formada por seis endecasílabos, cuya rima es: *ABABCC*. Aparece en el Barroco, con poco uso, que aumenta, junto con la octava real en el Neoclasicismo. Con algunas variantes, como la del empleo del endecasílabo oxítono, la de la combinación de la rima (*AAC'BBC'*), o la introducción de un verso de arte menor, se ha empleado desde el Romanticismo hasta el Modernismo.

A	*Mas no le falta con quietud segura*
B	*de varios bienes rica y sana vida;*
A	*los anchos campos, lagos de agua pura;*
B	*la cueva, la floresta divertida,*
C	*las presas, el balar de los ganados,*
C	*los apacibles sueños no inquietados.*

NICOLÁS FERNÁNDEZ DE MORATÍN

A	*El jardín puebla el triunfo de los pavos reales;*
A	*Parlanchina, la dueña, dice cosas banales,*
B'	*y vestido de rojo piruetea el bufón.*

C   *La princesa no ríe, la princesa no siente;*
C   *la princesa persigue por el cielo de Oriente*
B'   *la libélula vaga de una vaga ilusión.*

RUBÉN DARÍO

A   *Cuando recuerdo la piedad sincera*
a   *con que en mi edad primera*
B   *entraba en nuestras viejas catedrales,*
C   *donde postrado ante la Cruz de hinojos*
c   *alzaba a Dios los ojos,*
B   *soñando en las venturas celestiales...*

NÚÑEZ DE ARCE

5.4.5.4. *Sextilla.* — Estrofa de versos de arte menor, con varias combinaciones de rima: *aabaab, abcabc, ababab,* etc. Se utilizó desde el ARCIPRESTE DE HITA hasta el Romanticismo.

a   *Sus fijos e su conpaña*
b'   *Dios, padre espiritual,*
a   *de çeguedat atamaña*
b'   *guarde e de coyta atal;*
a   *sus ganados e cabaña*
b'   *Sant'Antón guarde de mal.*

ARCIPRESTE DE HITA

Veamos un ejemplo del *Martín Fierro:*

a   *No son raros los quejidos*
b   *en los toldos del salvaje,*
b   *pues·aquel es bandalaje*
c   *donde no se arregla nada*
c   *sino a lanza y puñalada,*
b   *a bolazos y a coraje.*

JOSÉ HERNÁNDEZ

La sextilla. más conocida es la llamada *Copla de pie quebrado, Copla de Jorge Manrique* o *Estrofa manriqueña,* que difiere de la anterior en que los versos tercero y sexto son tetrasílabos, en lugar de octosílabos, como el resto de la estrofa. Esta copla de pie quebrado tiene antigua tradición románica, aunque las primeras muestras castellanas sean las que aparecen en el ARCIPRESTE DE HITA, en su segunda *Cantiga* de gozos. La fama de esta estrofa se debe, sobre todo, a haberla empleado JORGE MANRIQUE en sus *Coplas*:

> a   *¿Qué se hicieron las damas,*
> b   *sus tocados, sus vestidos,*
> c   *sus olores?*
> a   *¿Qué se hicieron las llamas*
> b   *de los fuegos encendidos*
> c   *de amadores?*

La copla de pie quebrado se ha cultivado a todo lo largo de nuestra literatura, hasta el Modernismo, con alguna que otra variante. Por ejemplo, la utilizó UNAMUNO en el poema *A sus ojos,* haciendo que los versos de pie quebrado fuesen el segundo y el quinto, y la rima *aabccb*:

> a   *Mansos, suaves ojos míos,*
> a   *tersos ríos*
> b   *rebosantes de quietud;*
> c   *a beber vuestra mirada*
> c   *sosegada*
> b   *llegue mi alma a plenitud.*
>   *Sois, mis ojos, viva fuente*
> *sonriente*
> *de que fluye vivo amor;*
> *al tomar vuestra luz pura*
> *es dulzura*
> *cuanto amáis en derredor.*

5.4.6. *Estrofas de siete versos*

5.4.6.1. *Séptima.* — Poco usada en nuestra métrica. Está constituida por siete versos de arte mayor, cuya rima queda a gusto del poeta, con la sola condición de que tres versos no vayan seguidos de la misma rima total.

—   *Yo siento ahora que en mi ser se agita*
A   *grandiosa inspiración, cual fuego hirviente*
—   *que se resuelve en el profundo seno*
A   *de combusto volcán, y rudamente*
B   *a las rocas conmueve. Se levanta*
—   *y se eleva mi ardiente fantasía*
B   *en alas de lo ideal y mi voz canta.*

RUBÉN DARÍO

5.4.6.2. *Seguidilla compuesta.* — De arte menor. Semejante a la seguidilla simple, pero añadiéndole tres versos más, y combinando los heptasílabos y pentasílabos del siguiente modo: «7 - 5 - 7 - 5 - 5 - 7 - 5»:

En las sierras de Soria,
azul y nieve,
leñador es mi amante
de pinos verdes.
¡Quién fuera el águila
para ver a mi dueño
cortando ramas!

ANTONIO MACHADO

5.4.7. *Estrofas de ocho versos*

5.4.7.1. *Copla de arte mayor.* — También llamada *Copla de Juan de Mena* por ser el tipo de estrofa empleada por el poeta en su *Laberinto de Fortuna*. Es procedente, a través de Galicia, de la tradición provenzal. Los versos son, generalmente, dodecasílabos, con la siguiente combinación de rima: *ABBAACCA*:

Assí lamentaua la pía matrona
al fijo querido que muerto tú viste,
faziéndole encima semblante de triste,
segund al que pare faze la leona;
pues donde podría pensar la persona
los daños que causa la triste demanda
de la discordia el reyno que anda,
donde non gana ninguno corona.

JUAN DE MENA

5.4.7.2. *Octava real.* — También llamada *octava rima,* como en italiano. En el siglo XIV, BOCCACCIO, en su *Teseida,* modificó la primitiva octava siciliana, de rima alternada, haciendo que sus dos últimos versos fuesen pareados, y quedando, por lo tanto, su rima del siguiente modo: *ABABABCC.* Con esta estructura, la emplearon escritores como BOYARDO, BEMBO, ARIOSTO, etc. En España fue introducida por BOSCÁN, con su poema, de más de cien estrofas, *Octava rima.*

> *En el lumbroso y fértil Oriente,*
> *adonde más el cielo está templado,*
> *vive una sosegada y dulce gente,*
> *la cual en sólo amar pone cuidado.*
> *Ésta jamás padece otro accidente*
> *si no es aquél que amores han causado;*
> *aquí gobierna y siempre gobernó*
> *aquella reina que en la mar nació.*

ALONSO DE ERCILLA consagró la octava real como poema épico, en *La Araucana:*

> *No las damas, amor, no gentilezas*
> *de caballeros canto enamorados,*
> *ni las muestras, regalos y ternezas*
> *de amorosos afectos y cuidados;*
> *mas el valor, los hechos, las proezas*
> *de aquellos españoles esforzados,*
> *que a la cerviz de Arauco no domada*
> *pusieron duro yugo por la espada.*

Esta estrofa tuvo gran difusión en el Barroco, en el que se reservó para los grandes poemas narrativos de carácter culto. También se usó, como ocurrió en italiano, en poemas líricos y bucólicos. A partir de esta época se sustituye su empleo en los poemas épicos por los largos poemas mitológicos, como la *Fábula de Polifemo,* de GÓNGORA, o el *Faetón,* de VILLAMEDIANA.

5.4.7.3. *Octava italiana u octava aguda.* — Aparece en el Neoclasicismo, aunque su mayor difusión y popularidad se debe

al Romanticismo. La combinación de su rima es la siguiente:
ABBC'DEEC'; el cuarto y octavo versos son agudos; a veces,
son heptasílabos en lugar de endecasílabos:

A	*Tu aliento es el aliento de las flores;*
B	*tu voz es de los cisnes la armonía;*
B	*es tu mirada el esplendor del día,*
C'	*y el color de la rosa es tu color.*
D	*Tú prestas nueva vida y esperanza*
E	*a un corazón para el amor ya muerto;*
E	*tú creces de mi vida en el desierto*
C'	*como crece en un páramo la flor.*

GUSTAVO ADOLFO BÉCQUER

5.4.7.4. *Octavilla.* — Durante la Edad Media, la redondilla
no tuvo vida independiente, pero la duplicación de una, o la combinación de dos redondillas dio origen a estrofas de uso frecuente
en los cancioneros del siglo xv. La combinación de su rima suele
ser: *abbecdde*, o *ababbccb*:

> *La mayor cuita que haber*
> *puede ningún amador*
> *es membrarse del placer*
> *en el tiempo del dolor;*
> *e ya sea que el ardor*
> *del fuego nos atormenta,*
> *mayor dolor nos aumenta*
> *esta tristeza y langor.*

MARQUÉS DE SANTILLANA

> *Todo, ¡Señor!, diciendo*
> *está los grandes días*
> *de lutos y agonías*
> *de muerte y orfandad;*
> *que del pecado horrendo*
> *envuelta en un sudario,*
> *pasa por un calvario*
> *la ciega humanidad.*

F. GARCÍA TASSARA

Cuando alternan los octosílabos con versos de cuatro sílabas, se originan las *coplas de pie quebrado,* muy difundidas en el siglo xv y principios del xvi por los poetas de los cancioneros, destacándose de entre todos ellos el Marqués de Santillana, en el que encontramos esquemas como los siguientes: $a_8 b_8 b_8 a_8 c_8 d_4 d_8 c_8$ en el *Diálogo de Bías contra Fortuna:*

> Las riquezas son de amar;
> ca syn ellas grandes cosas
> maníficas nin famosas
> non se pueden acabar;
> por ellas son ensalçados
> los señores,
> príncipes e emperadores,
> e sus fechos memorados.

o este otro: $a_8 b_4 b_8 a_4 a_8 c_4 c_8 a_4$, en sus *Proverbios morales:*

> Fijo mío mucho amado
> para mientes,
> e non contrastes las gentes,
> mal su grado:
> ama e serás amado
> e podrás
> fazer lo que non farás
> desamado.

5.4.8. *Estrofas de diez versos*

5.4.8.1. *Copla real.* — Constituida por versos de arte menor. Como la quintilla, al igual que la redondilla, no tenía vida independiente en la Edad Media, a veces se fundían dos quintillas, dando lugar a la estrofa denominada copla real (modernamente se ha denominado falsa décima).

Veamos un ejemplo de Juan de Timoneda en el *Paso de la razón y la fama:*

> ¡Oh altíssima cordura
> a do todo el bien consiste,
> yo llena de hermosura

de tu divina apostura
razón digna me heziste;
yo soy diuina en el cielo
porque de ti soy mandada;
yo soy de tan alto vuelo;
yo soy la que en este suelo
jamás me conturba nada!

El esquema es: *abaabcdccd.*

5.4.8.2. *La décima.* — Fue inventada por VICENTE ESPINEL, en el siglo XVI, que presentó esta estrofa en varias de las composiciones de su libro *Diversas Rimas* (1591), por ello también se llama *décima espinela*. Está constituida por versos de ocho sílabas, y es el feliz hallazgo que por diversos caminos buscaban los poetas cortesanos del siglo XV. La estructura de la décima está formada por dos redondillas, con rima abrazada, *abba* y *cddc,* y uniéndolas, dos versos de enlace que repiten la rimas última y primera de cada redondilla, *ac*; el esquema queda del siguiente modo: *abbaaccddc.*

Generalmente, el tema de la estrofa se plantea en los cuatro primeros versos. Después de la pausa del cuarto verso, en los restantes se completa el pensamiento: es un ascenso y descenso de ideas, cuya transición se encuentra en el quinto verso. Esta estrofa de octosílabos se ha comparado por su perfección al soneto.

Suele decirme la gente
que en parte sabe mi mal,
que la causa principal
se me ve escrita en la frente;
y aunque hago de valiente,
luego mi lengua desliza
por lo que dora y matiza;
que lo que el pecho no gasta
ningún disimulo basta
a cubrirlo con ceniza.

VICENTE ESPINEL

CALDERÓN DE LA BARCA elaboró décimas perfectas y hermo-
sísimas en *La vida es sueño*:

> Sueña el rico en su riqueza,
> que más cuidados le ofrece;
> sueña el pobre que padece
> su miseria y su pobreza;
> sueña el que a medrar empieza,
> sueña el que afana y pretende;
> sueña el que agravia y ofende;
> y en el mundo, en conclusión,
> todos sueñan lo que son
> aunque ninguno lo entiende.

El cultivo de la décima llega prácticamente hasta nuestros
días; veamos un ejemplo de JORGE GUILLÉN, en «El pájaro en
la mano», de *Cántico*:

BEATO SILLÓN

> ¡Beato sillón! La casa
> corrobora su presencia
> con la vaga intermitencia
> de su invocación en masa
> a la memoria. No pasa
> nada. Los ojos no ven,
> saben. El mundo está bien
> hecho. El instante lo exalta
> a marea, de tan alta,
> de tan alta, sin vaivén.

GERARDO DIEGO ha escrito un libro entero, *Via Crucis*, en
décimas; veamos un ejemplo:

> Dame tu mano María
> la de las tocas moradas.
> Clávame tus siete espadas
> en esta carne baldía.
> Quiero ir contigo en la impía
> tarde negra y amarilla.

> *Aquí en mi torpe mejilla*
> *quiero ver si se retrata*
> *esa lividez de plata,*
> *esa lágrima que brilla.*

5.4.8.3. *El ovillejo.* — Es una estrofa de diez versos, generalmente de arte menor, que gozó de popularidad en los siglos XVI y XVII. Se compone de tres pareados y una redondilla: los pareados se componen de octosílabo y tetrasílabo o trisílabo, y la redondilla, de octosílabos: su esquema es el siguiente: $a_8a_4b_8b_4c_8c_4$-$c_8d_8d_8c_8$.

El primer ovillejo que se conoce es el que escribió MIGUEL DE CERVANTES en el capítulo XXVII del *Quijote,* en el que canta Cardenio tres ovillejos; veamos el primero:

> *¿Quién menoscaba mis bienes?*
> *Desdenes.*
> *Y ¿quién aumenta mis duelos?*
> *Los celos.*
> *Y ¿quién prueba mi paciencia?*
> *Ausencia.*
> *De ese modo, en mi dolencia*
> *ningún remedio se alcanza,*
> *pues me matan la esperanza*
> *desdenes, celos y ausencia.*

Así mismo, usó esta estrofa ZORRILLA en el acto II de *Don Juan Tenorio.* Más recientemente, UNAMUNO también la utilizó, pero sustituyendo los octosílabos por endecasílabos, y los tetrasílabos o trisílabos, por pentasílabos. Veamos un ejemplo del *Romancero del destierro:*

> *¿Qué es tu vida, alma mía?, ¿Cuál tu pago?*
> *¡Lluvia en el lago!*
> *¿Qué es tu vida, alma mía, tu costumbre?*
> *¡Viento en la cumbre!*
> *¿Cómo tu vida, mi alma, se renueva?*
> *¡Sombra en la cueva!*
> *¡Lluvia en el lago!*
> *¡Viento en la cumbre!*
> *¡Sombra en la cueva!*

Lágrimas es la lluvia desde el cielo,
y es el viento sollozo sin partida,
pesar la sombra sin ningún consuelo,
y lluvia y viento y sombra hacen la vida.

Los versos séptimo, octavo y noveno, que repiten los segundos versos de cada pareado, son también una modificación unamuniana del ovillejo tradicional.

III

EL POEMA

6. EL POEMA

6.1. Como ya hemos dicho, el poema es la realidad rítmica máxima y primordial, bien porque puede elevar una estrofa a categoría de poema, bien porque puede estar constituido por varias estrofas.

6.2. DIVISIÓN

Podemos dividir los poemas del siguiente modo:

6.2.1. *En cuanto a su forma,* pueden ser: poemas estróficos y poemas no estróficos.

6.2.1.1. *Poemas estróficos.* Son aquellos que están estructurados en estrofas. Pueden ser:

6.2.1.1.1. *Poemas monoestróficos,* que constan de una sola estrofa.

6.2.1.1.2. *Poemas poliestróficos,* constituidos por varias estrofas. El número de estrofas que componen este tipo de poemas es prácticamente ilimitado, y depende, generalmente, del gusto de la época o del género literario para el que se vayan a emplear.

Es costumbre mantener en los poemas poliestróficos el mismo tipo de estrofa, aunque, a veces, pueden alternar dos tipos diferentes.

6.2.1.2. *Poemas no estróficos.* Son aquellos que no están estructurados en estrofas. En general, en esta clase de poemas se suele mantener uno o dos tipos de versos, alternando a voluntad del poeta.

6.2.2.   *En cuanto a su contenido,* los poemas poliestróficos pueden ser: sueltos o encadenados.

6.2.2.1.   El *poema poliestrófico suelto* es aquel en que las estrofas constituyentes guardan una simetría formal e independiente, siendo lo único que les une el aspecto conceptual, es decir la unidad temática, común a todo el poema, como, por ejemplo, en la *Noche oscura del alma,* de SAN JUAN DE LA CRUZ:

> *En una noche oscura,*
> *con ansias, en amores inflamada,*
> *¡oh dichosa ventura!,*
> *salí sin ser notada,*
> *estando ya mi casa sosegada.*
>
> *A escuras y segura,*
> *por la secreta escala disfrazada,*
> *¡oh dichosa ventura!,*
> *a escuras y en celada,*
> *estando ya mi casa sosegada.*
>
> *En la noche dichosa,*
> *en secreto, que nadie me veía,*
> *ni yo miraba cosa,*
> *sin otra luz y guía*
> *sino la que en el corazón ardía.*
>
> *Aquésta me guiaba,*
> *más cierto que la luz del mediodía,*
> *adonde me esperaba*
> *quien yo bien me sabía,*
> *en parte donde nadie parecía.*
>
> *¡Oh noche que guiaste!*
> *¡Oh noche amable más que el alborada!*
> *¡Oh noche que juntaste*
> *Amado con amada,*
> *amada en el Amado transformada!*

En mi pecho florido,
que entero para él sólo se guardaba,
allí quedó dormido,
y yo le regalaba,
y el ventalle de cedros aire daba.

El aire de la almena,
cuando ya sus cabellos esparcía,
con su mano serena
en mi cuello hería,
y todos mis sentidos suspendía.

Quedéme y olvidéme,
el rostro recliné sobre el Amado;
cesó todo y dejéme,
dejando mi cuidado
entre las azucenas olvidado.

6.2.2.2. El *poema poliestrófico encadenado,* en el que las estrofas están unidas por un verso o grupo de versos que se repiten a lo largo de todo el poema, además de su unidad conceptual y de la unidad formal de las estrofas:

Da bienes Fortuna
que no están escritos:
cuando pitos, flautas,
cuando flautas, pitos.

¡Cuán diversas sendas
se suelen seguir
en el repartir
honras y haciendas!
A unos da encomiendas
a otros sambenitos.
Cuando pitos, flautas,
cuando flautas, pitos.

A veces despoja
de choza y apero
al mayor cabrero,
y a quien se le antoja

> *la cabra más coja*
> *parió dos cabritos.*
> Cuando pitos, flautas,
> cuando flautas, pitos.
>
> *Porque en una aldea*
> *un pobre mancebo*
> *hurtó solo un huevo,*
> *al sol bambolea*
> *y otro se pasea*
> *con cien mil delitos.*
> Cuando pitos, flautas,
> cuando flautas, pitos.
>
>   LUIS DE GÓNGORA

El grupo de versos *Cuando pitos, flautas, / cuando flautas, pitos* recibe el nombre de *estribillo.*

6.3. POEMAS ESTRÓFICOS

6.3.1. *El villancico*

El villancico es una forma poemática paralela a la *dansa* provenzal o al *virelai* o *chanson balladée* francés. En España arranca de la Edad Media, donde era la canción popular más típica. En el siglo XVI, pasa a ser la forma más abundante de la canción lírica; mantiene su apogeo durante el Barroco para decaer después.

El villancico está escrito en octosílabos o hexasílabos; se divide en dos partes: *a*) el *estribillo,* que consta de dos o cuatro versos; *b*) el *pie,* estrofa de seis o siete versos, de los que los últimos han de rimar con todo el estribillo o con su parte final. A todo lo largo de la composición se van repitiendo el mismo estribillo y el pie, que en cada nueva estrofa es diferente.

---

1. El estribillo es un verso o grupo de versos que se intercala a lo largo de un poema; puede constar de uno, dos, tres o cuatro versos; raramente más. A veces, se repite el estribillo completo, y sin variación, como en el § 6.2.2.2; otras veces, parte de él, y con alguna variación (v. § 6.3.1, los dos primeros poemas), etc.

Veamos un villancico de CERVANTES, en el libro segundo de
La Galatea, que responde al esquema más general:

> En los estados de amor,
> nadie llega a ser perfecto,
> sino el honesto y secreto.
>
> *Para llegar al süave*
> *gusto de amor, si se acierta,*
> *es el secreto la puerta,*
> *y la honestidad la llave;*
> *y esta entrada no la sabe*
> *quien presume de discreto,*
> sino el honesto y secreto.
>
> *Amar humana beldad*
> *suele ser reprehendido,*
> *si tal amor no es medido*
> *con razón y honestidad;*
> *y amor de tal calidad*
> *luego le alcanza, en efecto,*
> el que es honesto y secreto.
>
> *Es ya caso averiguado,*
> *que no se puede negar,*
> *que a veces pierde el hablar*
> *lo que el callar ha ganado;*
> *y el que fuere enamorado,*
> *jamás se verá en aprieto,*
> si fuere honesto y secreto.
>
> *Cuanto una parlera lengua*
> *y unos atrevidos ojos*
> *suelen causar mil enojos*
> *y poner al alma en mengua,*
> *tanto este dolor desmengua*
> *y se libra deste aprieto*
> el que es honesto y secreto.

O este otro de CRISTÓBAL DE CASTILLEJO:

> No pueden dormir mis ojos,
> no pueden dormir.

Pero, ¿cómo dormirán
cercados en derredor
de soldados de dolor,
que siempre en armas están?
Los combates que les dan,
no los pudiendo sufrir,
no pueden dormir.

Alguna vez, de cansado
del angustia y del tormento,
se duermen que no lo siento,
que los hallo transportados;
pero los sueños pesados
no les quieren consentir
que puedan dormir.

Mas ya que duerman un poco,
están tan desvanecidos,
que ellos quedan aturdidos,
yo poco menos de loco;
y si los muevo y provoco
con cerrar y con abrir,
no pueden dormir.

El villancico, en sus épocas de mayor esplendor, se empleó tanto en temas devotos, de la Natividad preferentemente (no olvidemos que sus antecedentes parecen ser los cantos litúrgicos de la Iglesia católica), como profanos, en cantares de pastores y zagalas en los que se trataba el tema de la belleza femenina o temas de la naturaleza.

Para finalizar, vamos a transcribir un villancico de JUAN RAMÓN JIMÉNEZ, de extraordinaria belleza, y casi único ejemplo de su época:

Verde verderol,
endulza la puesta del sol.

Palacio de encanto
el pinar tardío,
arrulla con llanto
la huida del río.
Allí el nido umbrío
tiene el verderol:

Verde verderol,
endulza la puesta del sol.

La última brisa
es suspiradora;
el sol irisa
al pino que llora.
¡Vaga y lenta hora
nuestra, verderol!

Verde verderol,
¡endulza la puesta del sol!

Soledad y calma;
silencio y grandeza.
La choza del alma
se recoge y reza.
De pronto, ¡oh belleza!,
canta el verderol.
Verde verderol,
¡endulza la puesta del sol!

Su canto enajena.
—¿Se ha parado el viento?—
El campo se llena
de su sentimiento.
Malva es el lamento,
verde el verderol.

Verde verderol,
¡endulza la puesta del sol!

Una variante del villancico es la *letrilla,* que se diferencia de aquél más por el contenido que por la forma: la letrilla es una composición eminentemente burlesca y satírica. Veamos un ejemplo de QUEVEDO:

«Poderoso caballero
es Don Dinero.»

Madre, yo al oro me humillo:
Él es mi amante y mi amado,
pues de puro enamorado,

de continuo anda amarillo;
que, pues doblón o sencillo,
hace todo cuanto quiero,

«Poderoso caballero
es Don Dinero.»

Nace en las Indias honrado,
donde el mundo le acompaña;
viene a morir en España
y en Génova es enterrado.
Y, pues, quien le trae al lado
es hermoso aunque sea fiero.

«Poderoso caballero
es Don Dinero.»

6.3.2. El zéjel

El zéjel procede de una forma popular de la poesía arábigo-española, aunque modificado y adecuado a la métrica románica. Aparece en la lírica castellana en el siglo XIV.

El zéjel está escrito normalmente en versos octosílabos. Su composición estrófica es la siguiente: *a*) un *estribillo* que consta de uno o dos versos; *b*) una segunda estrofa *(mudanza)* de tres versos monorrimos más un cuarto verso que rima con el estribillo *(vuelta)*. El esquema sería:

aa - bbba

Veamos su estructura, tomando como muestra la composición número 51 del *Cancionero de Baena,* de ALFONSO ÁLVAREZ DE VILLASANDINO:

Vivo ledo con razón,
amigos, toda sazón.   } Estribillo

Vivo ledo e sin pesar,
pues amor me fizo amar   } Mudanza 1.ª
a la que podré llamar

más bella de cuantas son. } Vuelta

Vivo ledo con razón,
amigos, toda sazón.

Vivo ledo e viviré,
pues que de amor alcancé } Mudanza 2.ª
que serviré a la que sé

que me dará galardón. } Vuelta

Vivo ledo con razón,
amigos, toda sazón.

El uso del zéjel decae a partir del Barroco, aunque no dejan de encontrarse testimonios en toda nuestra literatura. Veamos un ejemplo en GIL VICENTE:

Dicen que me case yo:
no quiero marido, no.

Más quiero vivir segura
n'esta sierra a mi soltura,
que no estar en ventura
si casare bien o no.

Dicen que me case yo:
no quiero marido, no.

Madre, no seré casada
por no ver vida cansada,
o quizá mal empleada
la gracia que Dios me dió.

Dicen que me case yo:
no quiero marido, no.

No será ni es nacido
tal para ser mi marido;
y pues que tengo sabido
que la flor ya me la só.

> Dicen que me case yo:
> no quiero marido, no.

o este otro de RAFAEL ALBERTI: de *El pescador sin dinero*:

> Pez verde y dulce del río,
> sal, escucha el llanto mío:
>
> > *Rueda por el agua, rueda,*
> > *que no me queda moneda;*
> > *sedal tampoco me queda...*
> > *llora con el llanto mío.*
> > *No me queda nada, nada,*
> > *ni mi cesta torneada,*
> > *ni mi camisa bordada,*
> > *con un ancla, por mi amada...*
> > *Llora con el llanto mío.*
> > *¡Sí, llorad, sí, todos sí!*

El zéjel y el villancico se diferencian fundamentalmente por la forma de la *mudanza*: en el villancico es una redondilla, y en el zéjel es un trístico monorrimo; otra diferencia, menos constante que la anterior, se centra en el estribillo: en el villancico generalmente es de tres o cuatro versos, mientras que en el zéjel, de ordinario, son dos.

6.3.3. *La glosa*

La glosa es un poema de extensión variable. Consta de dos partes: *a*) el *texto*, que es una poesía breve, y *b*) la *glosa*, que es el comentario de la poesía que constituye el texto.

El texto, por regla general, es una poesía ya existente (fragmento de un romance, refrán, etc.); la glosa está formada por tantas estrofas (generalmente décimas) como versos tiene el texto, los cuales se van repitiendo al final de cada estrofa.

En el siglo XV aparecen las primeras glosas, que tienen una línea de ascenso hasta el Barroco; a partir de esta época decae su uso. Nuestra glosa fue imitada por los poetas franceses y alemanes del siglo XVII. Veamos un ejemplo de MIGUEL DE CERVANTES, en el primer libro de *La Galatea*:

> Ya la esperanza es perdida,
> y un solo bien me consuela:
> que el tiempo que pasa y vuela
> llevará presto la vida.
>
> *Dos cosas hay en amor*
> *que con su gusto se alcanza:*
> *deseo de lo mejor,*
> *es la otra la esperanza,*
> *que pone esfuerzo al temor.*
> *Las dos hicieron manida*
> *en mi pecho, y no las veo;*
> *antes en la alma afligida,*
> *porque me acabe el deseo,*
> *ya la esperanza es perdida.*
>
> *Si el deseo desfallece*
> *cuando la esperanza mengua,*
> *al contrario en mí parece,*
> *pues cuanto ella más desmengua*
> *tanto más él se engrandece.*
> *Y no hay usar de cautela*
> *con las llagas que me atizan,*
> *que en esta amorosa escuela*
> *mil males me martirizan,*
> *y un solo bien me consuela.*
>
> *Apenas hubo llegado*
> *el bien a mi pensamiento,*
> *cuando el cielo, suerte y hado,*
> *con ligero movimiento*
> *le han del alma arrebatado.*
> *Y si alguno hay que se duela*
> *de mi mal tan lastimero,*
> *al mal amaina la vela,*
> *y al bien pasa más ligero*
> *que el tiempo que pasa y vuela.*
>
> *¿Quién hay que no se consuma*
> *con estas ansias que tomo,*
> *pues en ellas se ve en suma*

ser los cuidados de plomo
y los placeres de pluma?
Y aunque va tan decaída
mi dichosa buena andanza
en ella este bien se anida:
que quien llevó la esperanza
llevará presto la vida.

El ejemplo más reciente es la *Glosa a Villamediana*, de Gerardo Diego, donde glosa un soneto en catorce sonetos.

6.3.4. *La sextina*

El trovador provenzal Arnaut Daniel fue el inventor de
este complicado poema, a finales del siglo XII. Dante se inspiró
en él y le dio la forma definitiva (compuso dos sextinas), pero
gracias a Petrarca llegó a ser una de las formas más características de la lírica italiana. En España se introduce en el siglo XVI (cuando en Italia estaba ya desapareciendo), y se cultiva
hasta el Barroco. No tuvo demasiado arraigo, debido seguramente
a la dificultad de someter el tema que se proponían desarrollar
en unos esquemas tan rígidos y tan difíciles de conseguir plena-
mente: la ausencia de rima en las estrofas, la repetición lejana
de ella en cada una de las siguientes, el empleo de palabras bisí-
labas al final de cada verso, pueden dar lugar a un desmorona-
miento formal y conceptual, si no se utiliza con destreza.

La sextina está formada por seis estrofas y una *contera*; cada
estrofa tiene seis versos no rimados; cada verso finaliza en una
palabra bisílaba; la contera es una estrofa de tres versos. La palabra final de cada verso de la primera estrofa debe repetirse,
en un orden determinado y distinto en cada una de las cinco
estrofas restantes, y estas seis palabras tienen que aparecer forzosamente en la contera. El esquema de una sextina sería el siguiente (tomando el modelo de las cuatro que compuso Fernando de Herrera):

primera estrofa: *ABCDEF*
segunda estrofa: *FAEBDC*

tercera estrofa:.   *CFDABE*
cuarta estrofa: *ECBFAD*
quinta estrofa: *DEACFB*
sexta estrofa: *BDFECA*
contera: *AB - DE - CF*

Al bello resplandor de vuestros ojos
mi pecho abrasó Amor en dulce llama
y desató el rigor de fría nieve,
que entorpecía el fuego de mi alma,
y en los estrechos lazos de oro y hebras
sentí preso y sujeto al yugo el cuello.

Cayó mi altiva presunción del cuello,
y en vos vieron su pérdida mis ojos,
luego que me rindieron vuestras hebras,
luego que ardí, señora, en tierna llama;
pero alegre en su mal vive mi alma,
y no teme la fuerza de la nieve.

Yo en fuego ardo, vos heláis en nieve,
y, libre del Amor, alzáis el cuello,
ingrata a los tormentos de mi alma;
que aun blandos a su mal no dais los ojos.
Mas siempre la abrasáis en viva llama
y sus alas pendéis en vuestras hebras.

Viese yo las doradas ricas hebras
bañadas de mi llanto, si la nieve
vuestra diese lugar a esta mi llama;
que la dureza de este yerto cuello
la pluvia ablandaría de mis ojos
y en dos cuerpos habría sola un alma.

La celestial belleza de vuestra alma
mi alma enlaza en sus eternas hebras,
y penetra la luz de ardientes ojos,
con divino valor, la helada nieve,
y lleva al alto cielo alegre el cuello
que enciende el limpio ardor inmortal llama.

Amor, que me sustentas en tu llama,
da fuerza al vuelo presto de mi alma,
y, del terreno peso alzando el cuello,
inflamarás la luz de sacras hebras;
que ya, sin recelar la dura nieve,
miro tu claridad con puros ojos.

Por vos viven mis ojos en su llama,
¡oh luz del alma!, y las doradas hebras
la nieve rompen y dan gloria al cuello.

Fernando de Herrera

6.3.5. *El soneto*

El soneto es un pequeño poema que consta de catorce versos, divididos en cuatro estrofas: dos cuartetos y dos tercetos, sucesivamente.

Procede de Italia, de donde lo tomaron todas las métricas occidentales, y en donde gracias a Dante y a Petrarca adquirió su noble estructura formal y conceptual. En España, los primeros intentos de adaptación se deben, como ya dijimos, al Marqués de Santillana (v. § 3.5.2.3), si bien en sus sonetos se nota una adecuación algo forzada; por otro lado, los sonetos de Santillana no tuvieron prácticamente ninguna trascendencia, por lo que se pueden considerar como verdaderos introductores de esta forma métrica a Juan Boscán y a Garcilaso de la Vega, para los que el modelo fue Petrarca, el mismo que antes lo había sido para Santillana. Durante el siglo xvi se usa fundamentalmente, junto con la canción, en los cancioneros amorosos petrarquistas (Figueroa, Herrera, Acuña, Cetina), siguiendo, incluso, en el siglo xvii (Soto de Rojas).

El esquema del soneto clásico es el siguiente:

ABBA - ABBA - CDC - DCD

los dos cuartetos con dos rimas abrazadas, y los tercetos con rimas distintas de las de los cuartetos. La disposición *CDC - DCD*

de las rimas de los tercetos era la favorita de PETRARCA, aunque
también se utilizaron otras combinaciones, como *CDE - CDE,
CDE - DCE,* etc.

*Dulce soñar y dulce congojarme,
cuando estaba soñando que soñaba;
dulce gozar con lo que me engañaba,
si un poco más durara el engañarme.*

*Dulce no estar en mí, que figurarme
podía cuanto bien yo deseaba;
dulce placer, aunque me importunaba,
que alguna vez llegaba a despertarme.*

*¡O sueño, cuánto más leve y sabroso
me fueras, si vinieras tan pesado,
que asentaras en mí con más reposo!*

*Durmiendo, en fin, fui bienaventurado;
y es justo en la mentira ser dichoso
quien siempre en la verdad fue desdichado.*

JUAN BOSCÁN

*En tanto que de rosa y de azucena
se muestra la color en vuestro gesto,
y que vuestro mirar ardiente, honesto,
con clara luz la tempestad serena;*

*y en tanto que el cabello, que en la vena
del oro se escogió, con vuelo presto
por el hermoso cuello blanco, enhiesto,
el viento mueve, esparze y desordena:*

*coged de vuestra alegre primavera
el dulce fruto antes que el tiempo ayrado
cubra de nieve la hermosa cumbre.*

*Marchitará la rosa el viento helado,
todo lo mudará la edad ligera
por no hazer mudanza en su costumbre.*

GARCILASO DE LA VEGA

En el Barroco alcanza el soneto su mayor auge y esplendor. Todos los poetas de la época lo cultivan con maestría sin igual: LOPE, GÓNGORA y QUEVEDO son los máximos sonetistas de la época (sólo de LOPE se calculan más de 1.500 sonetos).

Suelta mi manso, mayoral extraño,
pues otro tienes tú de igual decoro,
deja la prenda que en el alma adoro,
perdida por tu bien y por mi daño.

Ponle su esquila de labrado estaño
y no le engañen tus collares de oro;
toma en albricias este blanco toro
que a las primeras yerbas cumple un año.

Si pides señas, tiene el vellocino
pardo, encrespado, y los ojuelos tiene
como durmiendo en regalado sueño.

Si piensas que no soy su dueño, Alcino,
suelta y verásle si a mi choza viene,
que aún tienen sal las manos de su dueño.

LOPE DE VEGA

Mientras por competir con tu cabello,
oro bruñido, el Sol relumbra en vano,
mientras con menosprecio en medio el llano
mira tu blanca frente el lilio bello;

mientras a cada labio, por cogello,
siguen más ojos que al clavel temprano,
y mientras triunfa con desdén lozano
del luciente cristal tu gentil cuello;

goza cuello, cabello, labio y frente,
antes que lo que fue en tu edad dorada
oro, lilio, clavel, cristal luciente,

no sólo en plata o víola troncada
se vuelva, más tú y ello juntamente
en tierra, en humo, en polvo, en sombra, en nada.

LUIS DE GÓNGORA

Cerrar podrá mis ojos la postrera
sombra que me llevare el blanco día,
y podrá desatar esta alma mía
hora a su afán ansioso lisonjera;

mas no de esotra parte en la ribera
dejará la memoria, en donde ardía;
nadar sabe mi llama la agua fría,
y perder el respeto a ley severa.

Alma a quien todo un dios prisión ha sido,
venas que humor a tanto fuego han dado,
medulas que han gloriosamente ardido;

su cuerpo dejarán, no su cuidado;
serán ceniza, mas tendrá sentido;
polvo serán, mas polvo enamorado.

FRANCISCO DE QUEVEDO

Después, durante el Neoclasicismo y el Romanticismo, entra en crisis el soneto (BÉCQUER, por ejemplo, escribe un solo soneto, el que comienza *Homero cante a quien su lira Clío*).

Surge de nuevo en el Modernismo con una dedicación comparable a la del Barroco. Como se puede suponer, sufrió algunas modificaciones en su estructura formal; las más importantes fueron:

1. Aunque predominó el orden clásico de las rimas abrazadas, *ABBA - ABBA,* algunas veces se cruzaron, formando la combinación *ABAB - ABAB,* fórmula innovadora en Francia en el siglo XIX, aunque no era rara en el soneto italiano, ni en el mismo francés del siglo XVII. (También en España el MARQUÉS DE SANTILLANA había utilizado esta misma rima encadenada.)

2. También, por imitación francesa, se introdujeron rimas distintas en el segundo cuarteto, quedando el esquema del siguiente modo: *ABBA - CDDC*; de este modo, el soneto queda constituido por siete rimas en lugar de las cuatro o cinco habituales.

Al olmo viejo, hendido por el rayo
y en su mitad podrido,
con las lluvias de abril y el sol de mayo,
algunas hojas verdes le han salido.

¡El olmo centenario en la colina
que lame el Duero! Un musgo amarillento
le mancha la corteza blanquecina
al tronco carcomido y polvoriento.

No será, cual los álamos cantores
que guardan el camino y la ribera,
habitado de pardos ruiseñores.

Ejército de hormigas en hilera
va trepando por él, y en sus entrañas
urden sus telas grises las arañas.

Antonio Machado

3. Combinaciones en los cuartetos, de los dos tipos de rima anteriormente indicados: *ABAB - CDCD*, *ABAB - CDDC*, etc.

Como una flor clorótica el semblante,
que hábil pincel tiñó de leche y fresa,
emerge del pomposo guardainfante,
entre sus galas cortesanas presa.

La mano —ámbar de ensueño— entre los tules
de la falda desmáyase, y sostiene
el pañuelo riquísimo, que viene
de los ojos atónitos y azules.

Italia, Flandes, Portugal... Poniente
sol de la gloria, el último destello
en sus mejillas infantiles posa...

Y corona no más su augusta frente
la dorada ceniza de cabello,
que apenas prende el leve lazo rosa.

Manuel Machado

4. Modificación de la rima del último terceto, que termina en un pareado: *CDD,* como en el soneto de ANTONIO MACHADO, transcrito en el párrafo 2. Quizás esta modificación se deba a un intento de imitar el soneto llamado shakespeariano.

5. Además de usar el verso endecasílabo, utilizaron toda clase de metros: alejandrinos, dodecasílabos, pentasílabos, trisílabos, etc.

He aquí un soneto en alejandrinos:

CAUPOLICÁN

Es algo formidable que vió la vieja raza;
robusto tronco de árbol al hombro de un campeón
salvaje y aguerrido, cuya fornida maza
blandiera el brazo de Hércules, o el brazo de Sansón.

Por casco sus cabellos, su pecho por coraza,
pudiera tal guerrero, de Arauco en la región
lancero de los bosques, Nemrod que toda caza,
desjarretar un toro, o estrangular un león.

Anduvo, anduvo, anduvo. Le vió la luz del día
le vió la tarde pálida, le vió la noche fría,
y siempre el tronco de árbol a cuestas del titán.

«El Toqui, el Toqui», clama la conmovida casta.
Anduvo, anduvo, anduvo. La aurora dijo: «Basta»,
e irguióse la alta frente del gran Caupolicán.

RUBÉN DARÍO

O este otro en trisílabos *(sonetillo),* de MANUEL MACHADO, *Verano:*

Frutales
cargados.
Dorados
trigales...

Cristales
ahumados.
Quemados
jarales...

Umbría
sequía,
solano...

Paleta
completa:
verano.

Por último, un soneto en octosílabos:

EL PIANO

Bajo la tarde serena
con ritmo dulce y liviano,
solloza un piano lejano
la suavidad de su pena.

Todo mi pecho se llena
de la tristeza del piano
y pienso en la fina mano
bajo la que el piano suena...

Cada suspiro del viento
acerca hacia mí el acento
de la música preclara.

Y llora el alma sonora,
como si el piano que llora
dentro del alma llorara.

NICOLÁS GUILLÉN

6. La heterometría es otro rasgo característico de la renovación. En el siguiente soneto de MANUEL MACHADO, *Madrigal de madrigales,* se combinan heptasílabos, endecasílabos y alejandrinos:

¿Qué nuevo nombre a ti, creadora de poetas,
esencia de la juventud,
si todas las magníficas y todas las discretas
cosas se han hecho y dicho en tu virtud?

¿Qué madrigal a ti, compendio de hermosuras,
luz de la vida, si
mis pequeños poemas y mis grandes locuras
han sido siempre para ti?...

En la hora exaltada
de estos nuevos loores,
toda la gaya gesta de tu poeta es...

tirar de la lazada
que ata el ramo de flores
y que las flores caigan a tus pies.

La generación de 1927 aumentó aún más el cultivo del soneto. No hubo prácticamente ningún poeta que no lo cultivase.
Pero en esta época se volvió a la forma del soneto clásico.

Alguna vez me angustia una certeza
y ante mí se estremece mi futuro.
Acechándole está de pronto un muro
del arrabal final en que tropieza

la luz del campo. ¿Mas habrá tristeza
si la desnuda el sol? No, no hay apuro
todavía. Lo urgente es el maduro
fruto. La mano ya le descorteza.

... Y un día entre los días el más triste
será. Tenderse deberá la mano
sin afán. Y acatando el inminente

poder diré sin lágrimas: embiste,
justa fatalidad. El muro cano
va a imponerme su ley, no su accidente.

JORGE GUILLÉN

EL CIPRÉS DE SILOS

Enhiesto surtidor de sombra y sueño
que acongojas el cielo con tu lanza.
Chorro que a las estrellas casi alcanza
devanado a sí mismo en loco empeño.

Mástil de soledad, prodigio isleño;
flecha de fe, saeta de esperanza.
Hoy llegó a ti, riberas del Arlanza,
peregrina al azar, mi alma sin dueño.

Cuando te vi, señero, dulce, firme,
qué ansiedades sentí de diluirme
y ascender como tú, vuelto en cristales,

como tú, negra torre de arduos filos,
ejemplo de delirios verticales,
mudo ciprés en el fervor de Silos.

GERARDO DIEGO

Rosa de Alberti allá en el rodapié
del mirador del cielo se entreabría,
pulsadora del aire y prima mía,
al cuello un lazo blanco de moaré.

El barandal del arpa, desde el pie
hasta el bucle en la nieve, la cubría.
Enredando sus cuerdas, verdecía
—alga en hilos— la mano que se fue.

Llena de suavidades y carmines,
fanal de ensueño vaga y voladora,
voló hacia los más altos miradores.

¡Miradla querubín de querubines,
del vergel de los aires pulsadora,
Pensativa de Alberti entre las flores!

RAFAEL ALBERTI

Hermanos, los que estáis en lejanía
tras las aguas inmensas, los cercanos
de mi España natal, todos hermanos
porque habláis esta lengua que es la mía:

yo digo «amor», yo digo «madre mía»,
y atravesando mares, sierras, llanos,
—oh gozo— con sonidos castellanos,
os llega un dulce efluvio de poesía.

Yo exclamo «amigo», y en el Nuevo Mundo,
«amigo» dice el eco, desde donde
cruza todo el Pacífico, y aún suena.

Yo digo «Dios», y hay un clamor profundo;
y «Dios», en español, todo responde,
y «Dios», sólo «Dios», «Dios», el mundo llena.

DÁMASO ALONSO

Como vemos, desde el Renacimiento no se han dejado de escribir sonetos en España. Todos los poetas, con mejor o peor fortuna, han puesto sus manos en ello, pese a la dificultad que entrañaba la elaboración de un buen soneto. Por ello, BOILEAU decía con razón que «Un sonnet sans défaut vaut seul un long poème».

DÁMASO ALONSO ha descrito como nadie la historia del soneto. Dice así:

«La fórmula está ya hallada en los introductores del dolce stil novo. Produce en seguida esa maravilla primaveral: el soneto de Dante. Poco después, esa criatura apasionada y exacta: el eterno soneto en que resuena el nombre de Laura. Pero en el fondo se trata de un juego, de un pueril artificio. Morirá en seguida... Debe morir en seguida... Nada de eso. La extraña criatura seguirá viviendo, seguirá extendiéndose por el mundo. Será nostalgia temblorosa en Garcilaso, apasionada ternura en Camoens, frenética y lujosa complicación en Góngora, ímpetu vital y salada gracia en Lope de Vega, hiriente sentencia, o zarpazo, en Quevedo. Invadirá el mundo, y con las mínimas modificaciones necesarias temblará otra vez de amor y de belleza en Ronsard y en Shakespeare, imprecará desgarradamente a Dios en Antero de Quental. Y pasarán los años y los años, irán modas, vendrán modas, y ese ser creado,

tan complicado y tan inocente, tan sabio y tan pueril, nada,
en suma, dos cuartetos y dos tercetos, seguirá teniendo una
eterna voz para el hombre, siempre igual, pero siempre
nueva, pero siempre distinta.» [2]

Cuando la idea desarrollada por el poeta excedía del marco
de los catorce versos, se añadían uno o varios tercetos más. El
terceto que iba después del verso decimocuarto tenía que ser un
heptasílabo que rimase con él; el esquema era:

ABBA - ABBA - CDE - CDE - eFF

Este tipo recibe el nombre de *soneto con estrambote.*

    —«¡Voto a Dios que me espanta esta grandeza
y que diera un millón por describilla!
Porque ¿a quién no suspende y maravilla
esta máquina insigne, esta riqueza?

    Por Jesucristo vivo, cada pieza
vale más de un millón, y que es mancilla
que esto no dure un siglo, ¡oh, gran Sevilla!
Roma triunfante en ánimo y nobleza.

    Apostaré que el ánima del muerto,
por gozar de este sitio, hoy ha dejado
la gloria, donde vive eternamente.»

    Esto oyó un valentón y dijo: —«Es cierto
cuanto dice voacé, seor soldado.
Y el que dijere lo contrario, miente».

    Y luego, incontinente,
caló el chapeo, requirió la espada,
miró al soslayo, fuése, y no hubo nada.

MIGUEL DE CERVANTES

2. *Ensayos sobre poesía española,* Madrid, Revista de Occidente, 1944, p. 397.

6.3.6. *La canción*

La canción renacentista española es la descendiente de la antigua *cansó* provenzal, que fue introducida en España por Boscán tomando como modelo la *canzone* italiana reelaborada por Dante. Al principio, la canción tenía un esquema rígido, debido a que se cantaba con una determinada melodía musical, pero después fue adquiriendo mayor libertad entre los poetas españoles.

Su composición es algo compleja:

1.º El número de estrofas (*estancias*) que constituían la canción, era variable: en Petrarca, entre cinco y diez; en Boscán, la primera canción comprende veintisiete estrofas; en Garcilaso, cuatro o cinco, etc.

2.º El número de versos de cada estrofa era asimismo variable: en la provenzal, el mínimo eran seis; el máximo, ilimitado, aunque normalmente oscilaban entre seis y doce; en Petrarca, entre nueve y veinte; en Boscán, en la primera canción quince; en Garcilaso, trece, etc.

3.º No había ninguna norma relativa a la naturaleza de la rima, ni a su disposición.

4.º Sin embargo, pese a esta libertad en la construcción de cada estrofa, su arquitectura global era fija.

5.º El patrón de la primera estrofa debe repetirse rigurosamente en las demás.

6.º Cada estrofa se compone de dos partes:

a) Un grupo de versos iniciales denominado *fronte,* subdividido en dos partes; cada una de las subdivisiones recibe el nombre de *piede.*

b) Una parte final denominada *coda,* que podía estar subdividida; en este caso, cada subdivisión recibe la denominación de *verso.*

c) Entre el fronte y la coda podía haber un verso de unión llamado *volta,* que tenía que rimar con el último verso del segundo piede.

7.º El final de la canción viene marcado por una estrofa de menos versos, denominada *tornata* o *envío.*

Veamos un ejemplo de Francisco de la Torre:

fronte

piede 1.º
> Doliente cierva, que el herido lado
> de ponzoñosa y cruda yerba lleno,
> buscas la agua de la fuente pura,

piede 2.º
> con el cansado aliento y con el seno
> bello de la corriente sangre inchado,
> débil y descaída tu hermosura,

volta
> ay, que la mano dura,

coda

verso 1.º
> que tu nevado pecho
> ha puesto en tal estrecho,

verso 2.º
> gozosa va con tu desdicha, quando,
> cierva mortal, viviendo, estás penando,

verso 3.º
> tu desangrado y dulce compañero,
> el regalado y blando
> pecho passado del veloz montero:

> Buelve, cuitada, buelve al valle donde
> queda muerto tu amor, en vano dando
> términos desdichados a tu suerte;
> morirás en su seno reclinado
> la beldad que la cruda mano esconde
> delante de la nube de la muerte.
> Que el passo duro y fuerte,
> ya forzoso y terrible,
> no puede ser possible
> que le escusen los cielos, permitiendo
> crudos astros que mueras padeciendo
> las asechanzas de un montero crudo,
> que te vino siguiendo
> por los desiertos deste campo mudo.
> ... ...
> Canción, fábula un tiempo y caso agora
> de una cierua doliente, que la dura
> flecha del cazador dejó sin vida,
> errad por la espesura
> del monte, que de gloria tan perdida,
> no hay sino lamentar su desventura.

6.3.7. *El madrigal*

El madrigal es un poema estrófico que no tiene forma fija
en cuanto al número de sus estrofas ni al número de los versos
que debe contener cada una de ellas. Es una combinación de
heptasílabos y endecasílabos. El tema tratado debe ser de carácter amoroso e idílico; se recomienda que los madrigales sean
breves y que la combinación de los versos sea armónica y sencilla.

Veamos, como ejemplo, el madrigal *A unos ojos*, de GUTIE-
RRE DE CETINA, en el que se combinan dos tercetos, con dos
pareados:

> *Ojos claros, serenos,*
> *si de un dulce mirar sois alabados,*
> *¿por qué si me miráis, miráis airados?*
> *Si cuando más piadosos,*
> *más bellos parecéis a quien os mira,*
> *no me miréis con ira,*
> *porque no parezcáis menos hermosos.*
> *¡Ay, tormentos rabiosos!*
> *Ojos claros, serenos,*
> *¡Ya que así me miráis, miradme al menos!*

6.4. POEMAS NO ESTRÓFICOS

6.4.1. *El romance*

Es una serie ilimitada de octosílabos, en los que solamente
los pares tienen rima asonante o parcial.

Los primeros romances escritos aparecen en el siglo xv. Sin
embargo, según MENÉNDEZ PIDAL, antes existieron, en la tradición oral, los romances que él llama *noticiosos,* que narran su-
cesos acaecidos en los siglos xiii y xiv; junto con los noticiosos,
o quizás antes, aparecieron los romances *épicos*.

Parece ser que los romances octosilábicos, tal como son escritos y los conocemos desde el siglo xv, proceden de los cantares de gesta, esto es, de la partición de los dos hemistiquios de
un verso compuesto, en dos versos simples.

El cantar de gesta estaba escrito en versos compuestos monorrimos y, generalmente, heterométricos:

(∅ = *cero* = verso sin rima; «a» = una rima determinada.)

Como es lógico, estos versos compuestos heterométricos (dodecasílabos, alejandrinos, hexadecasílabos, etc.) no eran adecuados para ser cantados por los juglares, ni por el pueblo en general, porque por su extensión no se acomodaban al ritmo de ninguna música popular. De ahí que el esquema anterior se convirtiese en el siguiente:

Al mismo tiempo, la heterometría del verso compuesto, y, por lo tanto, también de sus hemistiquios, desapareció, convirtiéndose en versos isométricos. Y el metro fue precisamente el octosílabo, que por coincidir con el grupo fónico medio mínimo del castellano, se presta como ningún otro para la canción popular, por su reducido número de sílabas y por la vivacidad tonal que ello entraña.

Según NAVARRO TOMÁS, los «Rasgos que revelan el parentesco métrico de los romances con las series monorrimas de los antiguos cantares son: *a*) la falta de rima en sus versos impares correspondientes a los primeros hemistiquios de los versos épicos; *b*) la rima uniforme y sostenida de los versos pares equivalentes a los segundos hemistiquios y la libre mezcla en este punto de asonancia y consonancia, contra el uso general de la poesía culta; *c*) la medida fluctuante de los versos, resto atenuado de la antigua ametría juglaresca; *d*) la adición de la *e* paragógica al fin de las rimas agudas; *e*) la correspondencia entre métrica y sintaxis a base de proposiciones que ocupan dos o cuatro hemistiquios, con ausencia de toda forma de estrofa; *f*) la inclinación al desarrollo de modalidades rítmicas poco corrientes en el tipo ordinario del octosílabo románico».[3]

Un ejemplo de romance épico es el siguiente:

En Santa Gadea de Burgos — do juran los hijosdalgo,
allí toma juramento — el Cid al rey castellano
sobre un cerrojo de hierro — y una ballesta de palo.
Las juras eran tan recias — que al buen rey ponen espanto.
—Villanos te maten, rey, — villanos, que no hidalgos;
abarcas traigan calzadas, — que no zapatos con lazos;
traigan capas aguaderas, — no capuces ni tabardos;
con camisones de estopa, — no de holanda ni labrados;
cabalguen en sendas burras, — que no en mulas ni en caballos,
las riendas traigan de cuerda, — no de cueros fogueados;
mátente por las aradas, — no en camino ni en poblado;
con cuchillos cachicuernos, — no con puñales dorados;
sáquente el corazón vivo, — por el derecho costado
si no dices la verdad — de lo que te es preguntado:
si tú fuiste o, consentiste — en la muerte de tu hermano.
Las juras eran tan fuertes — que el rey no las ha otorgado.
Allí habló un caballero — de los suyos más privado:
—Haced la jura, buen rey, — no tengáis de eso cuidado,
que nunca fue rey traidor, — ni Papa descomulgado.
Jura entonces el buen rey, — que en tal nunca se ha hallado.
Después habla contra el Cid — malamente y enojado:
—Mucho me aprietas, Rodrigo, — Cid muy mal me has conju-
                                                    [rado,
mas si hoy me tomas la jura, — después besarás mi mano.
—Aqueso será, buen rey, — como fuer galardonado,
porque allá en cualquier tierra — dan sueldo a los hijosdalgo.
—¡Vete de mis tierras, Cid, — mal caballero probado
y no me entres más en ellas — desde este día en un año!
—Que me place —dijo el Cid—, — que me place de buen grado,
por ser la primera cosa — que mandas en tu reinado.
Tú me destierras por uno, — yo me destierro por cuatro.

3. *Métrica española*, p. 44.

Ya se partía el buen Cid — *sin al rey besar la mano;*
ya se parte de sus tierras, — *de Vivar y sus palacios:*
las puertas deja cerradas, — *los alamudes echados,*
las cadenas deja llenas — *de podencos y de galgos;*
sólo lleva sus halcones, — *los pollos y los mudados.*
Con él iban los trescientos — *caballeros hijosdalgo;*
los unos iban a mula — *y los otros a caballo;*
todos llevan lanza en puño, — *con el hierro acicalado,*
y llevan sendas adargas — *con bordas de colorado.*
Por una ribera arriba — *al Cid van acompañando;*
acompañándolo iban — *mientras él iba cazando.*

Veamos un ejemplo de romance lírico, más próximo a la canción popular, el de *Fontefrida*:

Fontefrida, Fontefrida,
Fontefrida y con amor,
do todas las avecicas
van tomar consolación,
si no es la Tortolica,
que está viuda y con dolor.
Por allí fuera a pasar
el traidor de Ruiseñor;
las palabras que le dice
llenas son de traición:
—Si tú quisieses, señora,
yo sería tu servidor.
—Vete de ahí, enemigo,
malo, falso, engañador,
que ni poso en ramo verde
ni en prado que tenga flor;
que si el agua hallo clara,
turbia la bebía yo;
que no quiero haber marido
porque hijos no haya, no;
no quiero placer con ellos,
ni menos consolación.
¡Déjame, triste enemigo,
malo, falso, ruin, traidor,
que no quiero ser tu amiga
ni casar contigo, no!

El romance ha sido uno de los poemas que ha tenido una constante histórica en toda nuestra literatura. Las épocas de mayor esplendor, dejando a un lado la de sus orígenes, fueron:

1. El Barroco, que es el punto culminante de su desarrollo, tanto en los romances de tipo popular, como en los romances cultos, escritos por nuestros más grandes poetas: GÓNGORA, LOPE, QUEVEDO, etc.

Los romances cultos o literarios de esta época muestran algunas innovaciones con relación a los populares; las más importantes son:

a) en lugar de la pareja de versos y de su forma no estrófica, se agrupan en cuartetas;

b) la rima preferida es la parcial o asonante, con casi completa exclusión de la rima total o consonante;

c) se suele intercalar algún estribillo formado por heptasílabo y endecasílabo, o bien un pareado octosílabo con rima diferente a la del romance, o bien un dístico endecasílabo cada tres cuartetas con la misma rima del romance;

d) introducción de estribillos populares, por lo que el romance recreado en esta época sigue teniendo aire popular;

e) combinación de dos metros diferentes, por ejemplo, octosílabos y hexasílabos.

> *En el caudaloso río*
> *donde el muro de mi patria*
> *se mira la gran corona*
> *y el antiguo pie se lava,*
> *desde su barca Alciön*
> *suspiros y redes lanza,*
> *los suspiros por el cielo*
> *y las redes por el agua.*

> y sin tener mancilla
> mirábale su amor desde la orilla.

> *En un mismo tiempo salen*
> *de las manos y del alma*
> *los suspiros y las redes*
> *hacia el fuego y hacia el agua.*

Ambos se van a su centro,
do su natural les llama,
desde el corazón los unos,
las otras desde la barca,

y sin tener mancilla
mirábale su amor desde la orilla.

El pescador, entre tanto,
viendo tan cerca la causa,
y que tan lejos está
de su libertad pasada,
hacia la orilla se llega,
adonde con igual pausa
hieren el agua los remos
y los ojos de ella el alma.

y sin tener mancilla
mirábale su amor desde la orilla.

Y aunque el deseo de verla,
para apresurarle, arma
de otros remos la barquilla,
y el corazón de otras alas,
porque la ninfa no huya,
no llega más que a distancia
de donde tan solamente
escuche aquesto que canta:

«Dejadme triste a solas
dar viento al viento y olas a las olas.

Volad al viento, suspiros,
y mirad quién os levanta
de un pecho que es tan humilde
a partes que son tan altas.
Y vosotras, redes mías,
calaos en las ondas claras,
adonde os visitaré
con mis lágrimas cansadas.

Dejadme triste a solas
dar viento al viento y olas a las olas.

Dejadme vengar de aquella
que tomó, de mí, venganza
de más leales servicios
que arenas tiene esta playa;
dejadme, nudosas redes,
pues que veis que es cosa clara
que más que vosotras nudos
tengo para llorar causas.

Dejadme triste a solas
dar viento al viento y olas a las olas».

Luis de Góngora

En los pinares de Xúcar
ví bailar unas serranas,
al son del agua en las piedras,
y al son del viento en las ramas.
No es blanco coro de ninfas
de las que aposenta el agua,
o las que venera el bosque,
seguidores de Dïana:
serranas eran de Cuenca,
honor de aquella montaña,
cuyo pie besan dos ríos
por besar de ellas las plantas.
Alegres corros tejían,
dándose las manos blancas
de amistad, quizá temiendo
no la truequen las mudanzas.

¡Qué bien bailan las serranas!
¡Qué bien bailan!

El cabello en crespos nudos
luz da al Sol, oro a la Arabia,
cuál de flores impedido,
cuál de cordones de plata.
Del color visten del cielo,
si no son de la esperanza,
palmillas que menosprecian
al zafiro y la esmeralda.
El pie (cuando lo permite
la brújula de la falda)

lazos calza, y mirar deja
pedazos de nieve, y nácar.
Ellas, cuyo movimiento
honestamente levanta
el cristal de la columna
sobre la pequeña basa.

¡Qué bien bailan las serranas!
¡Qué bien bailan!

  Una entre los blancos dedos
hiriendo negras pizarras,
instrumento de marfil
que las musas le invidiaran,
las aves enmudeció,
y enfrenó el curso del agua;
no se movieron las hojas,
por no impedir lo que canta:

  «Serranas de Cuenca
iban al pinar,

unas por piñones,
otras por bailar.

  Bailando, y partiendo,
las serranas bellas,
un piñón con otro,
si ya no es con perlas,
de amor las saetas
huelgan de trocar,

unas por piñones,
otras por bailar.

  Entre rama y rama
cuando el ciego Dios
pide al Sol los ojos
por verlas mejor,
los ojos del Sol
las veréis pisar,

unas por piñones,
otras por bailar».

Luis de Góngora

MELÉNDEZ VALDÉS, CIENFUEGOS, QUINTANA, etc., cultivaron el romance en la época neoclásica, conservando la forma del Siglo de Oro. Veamos un fragmento del titulado *Doña Elvira*, de MELÉNDEZ VALDÉS:

> *No sé qué grave desdicha*
> *me pronostican los cielos,*
> *que desplomados parecen*
> *de sus quiciales eternos.*
>
> *Ensangrentada la luna*
> *no alumbra, amedranta el suelo,*
> *si las tinieblas no ahogan*
> *sus desmayados reflejos.*
>
> *En guerra horrible combaten*
> *embravecidos los vientos,*
> *llenando su agudo silbo*
> *de pavor mi helado seno.*
>
> *Atruena el hojoso bosque,*
> *y parece que allá lejos,*
> *llevados sobre las nubes,*
> *gimen mil lúgubres genios.*

2. El Romanticismo, al cultivar con profusión los temas históricos y legendarios, volvió a hacer uso del romance para tratarlos, volviendo la mayoría de las veces al esquema primitivo del romance, aunque se siguieran utilizando las formas introducidas en el Siglo de Oro.

> *En una anchurosa cuadra*
> *del alcázar de Toledo,*
> *cuyas paredes adornan*
> *ricos tapices flamencos,*
> *al lado de una gran mesa,*
> *que cubre de terciopelo*
> *napolitano tapete*
> *con bordones de oro y flecos;*
> *ante un sillón de respaldo*

> *que entre bordado arabesco*
> *los timbres de España ostenta*
> *y el águila del Imperio,*
> *de pie estaba Carlos Quinto,*
> *que en España era primero,*
> *con gallardo y noble talle,*
> *con noble y tranquilo aspecto.*

DUQUE DE RIVAS

3.   En el Modernismo, lo escriben, en mayor o menor número, casi todos los poetas. Baste recordar el *Romancero,* de SALVADOR RUEDA; los *Romances de Río Seco,* de LUGONES; *La tierra de Alvargonzález,* de ANTONIO MACHADO; el *Romancero del destierro,* de MIGUEL DE UNAMUNO; etc. Veamos un ejemplo de este último:

> *Cuando el alba me despierta*
> *los recuerdos de otras albas*
> *me renacen en el pecho*
> *las que fueron esperanzas.*
>
> *Quiero olvidar la miseria*
> *que te abate, pobre España,*
> *la fatal pordiosería*
> *del desierto de tu casa.*
>
> *Por un mendrugo mohoso*
> *vendéis, hermanos, la entraña*
> *de sangre cocida en siesta*
> *que os hace las veces de alma.*
>
> *«Hay que vivir», estribillo*
> *de la santísima gana,*
> *vuestra perra vida sueño*
> *en bostezo siempre acaba.*
>
> *«Mañana será otro día»*
> *y el porvenir se os pasa,*
> *ni se os viene la muerte*
> *que no habéis vivido nada.*

Cuando se os viene encima
la libertad «¡Dios me valga!»
y Dios en vil servidumbre,
pues no os valéis, os chapa.

Mirando pasar la vida
no vivís y al acabarla
aun hay quien sueña ¡cuitado!
que de la vida descansa.

Cuando el alba me despierta
los recuerdos de otras albas,
me renacen en el pecho
las que fueron esperanzas.

Y espero que al torbellino
de mi seno España nazca,
que los hermanos que sueño
con mis sueños hagan patria.

Puebla mi sueño tu pueblo,
que es sólo mi sueño, España,
y sueño que me hago eterno
en un eterno mañana.

4.   La generación del 27 sigue cultivando el romance, con especial inclinación a volver a su forma original, aunque no falten romances con estribillos. RAFAEL ALBERTI, en *Palabras para Federico,* dijo del romance y de los poetas que escribieron romances en esta época:

«*Me acuerdo ahora del primer día de nuestra amistad: en el jardincillo de la Residencia de Estudiantes. Madrid, octubre, 1924. Acababas de volver de Granada, de Fuente Vaqueros, y traías contigo los primeros romances de tu libro.*

Verde que te quiero, verde,
Verde viento. Verdes ramas...

4.   Se refiere a FEDERICO GARCÍA LORCA.

Te escuchaba por primera vez. Tu mejor romance. Sin duda, el mejor de toda la poesía española de hoy. Su «verde viento» nos tocó a todos, dejándonos su eco en los oídos. Aún ahora, después de trece años sigue sonando entre las más recientes ramas de nuestra poesía. Juan Ramón Jiménez, de quien tanto aprendiste y aprendimos, creó en sus «Arias tristes» el romance lírico, inaprensible, musical, inefable. Tú, con tu «Romance sonámbulo», inventaste el dramático, lleno de escalofriado secreto, de sangre misteriosa. «La tierra de Alvargonzález», de Antonio Machado, es un romance narrativo, una terrible historia castellana romanceada. Se puede contar. El «suceso» de tu «Romance sonámbulo» y de otros que figuran en tu «Romancero gitano», no se puede explicar, se escapa a todo intento de relato. Tú, sobre las piedras del antiguo romancero español, con Juan Ramón y Machado, pusiste otra, rara y fuerte, a la vez sostén y corona de la vieja tradición castellana.»

RAFAEL ALBERTI: De *Palabras para Federico*. (En García Lorca. *Romancero gitano*. Barcelona, Nuestro Pueblo, 1937, pp. 3-4.) [5]

y PEDRO SALINAS dijo del romance en el siglo XX en sus *Ensayos de literatura hispánica*: [6]

«Entendemos que el siglo XX es un extraordinario siglo romancista por razones que pondremos numeradas, para mayor claridad: 1. Por el gran número de poetas que usan el romance. 2. Por la calidad de estos poetas, ya que ninguno de los buenos falta en la lista de romancistas. 3. Por el valor de la poesía que produjeron empleando esta forma, no que la usaran para temas menores, es que les sirvió para lo mejor de su obra en repetidos casos.

Lo que esto significa en la historia general de nuestras letras no se nos debe ocultar. Para mí, confirma esa curiosa actitud española de tradicionalismo, de conservación

---

5. Texto tomado de JOAQUÍN GONZÁLEZ MUELA y JUAN MANUEL ROZAS: *La generación poética de 1927. Estudio, antología y documentación*. Madrid, col. Aula Magna, núm. 7, 1966, p. 238.

6. Madrid, 1958, pp. 357-358. El texto está tomado de J. GONZÁLEZ MUELA y J. M. ROZAS: *La generación poética de 1927*, p. 236.

del pasado, pero vivida de tal modo que sirve con perfecta eficacia de expresión al presente. El siglo XX trae mutaciones profundas a la creación literaria; suenan palabras gruesas, revolución, rebeldía, ruptura con la tradición. Envuelven mucha verdad. En esa borrasca histórica de los espíritus se repudia a viejos pilotos, se desgarran cartas de marear; pero los españoles del 98 y sus hijos no se deshacen del romance, como si fuese obra muerta; lo sienten sólido, siempre firme y ofrecido a todos los rumbos nuevos, y en sus flancos seculares, con sus velas enteras, se salvan y lo salvan, como si el romance estuviese desde hace siglos brindándose atrayente y misterioso al poeta que lo mira desde la ribera, diciéndole que hay un modo de cantar, una canción que sólo se revela «a quien conmigo va». Esta atadura tan hispánica de lo tradicional y lo innovador, la anuda el romance del siglo XX con sin igual firmeza.»

Veamos un fragmento del *Romance sonámbulo*, de GARCÍA LORCA:

> Verde que te quiero verde,
> Verde viento. Verdes ramas,
> El barco sobre la mar
> y el caballo en la montaña.
> Con la sombra en la cintura
> ella sueña en su baranda,
> verde carne, pelo verde,
> con ojos de fría plata.
> Verde que te quiero verde.
> Bajo la luna gitana,
> las cosas la están mirando
> y ella no puede mirarlas.
>
> Verde que te quiero verde.
> Grandes estrellas de escarcha,
> vienen con el pez de sombra
> que abre el camino del alba.
> La higuera frota su viento
> con la lija de sus ramas,
> y el monte, gato garduño,
> eriza sus pitas agrias.
> ¿Pero quién vendrá? ¿Y por dónde?

Ella sigue en su baranda,
verde carne, pelo verde,
soñando en la mar amarga.
Compadre, quiero cambiar
mi caballo por su casa,
mi montura por su espejo,
mi cuchillo por su manta.
Compadre, vengo sangrando
desde los puertos de Cabra.
Si yo pudiera, mocito,
ese trato se cerraba.
Pero yo ya no soy yo,
ni mi casa es ya mi casa.
Compadre, quiero morir
decentemente en mi cama.
De acero, si puede ser,
con las sábanas de holanda.
¿No ves la herida que tengo
desde el pecho a la garganta?
Trescientas rosas morenas
lleva tu pechera blanca.
Tu sangre rezuma y huele
alrededor de tu faja.
Pero yo ya no soy yo,
ni mi casa es ya mi casa.
Dejadme subir al menos
hasta las altas barandas,
¡dejadme subir!, dejadme
hasta las verdes barandas.
Barandales de la luna
por donde retumba el agua

*

Ya suben los dos compadres
hacia las altas barandas.
Dejando un rastro de sangre.
Dejando un rastro de lágrimas.
Temblaban en los tejados
farolillos de hojalata.
Mil panderos de cristal,
herían la madrugada.

Veamos otro ejemplo de romance de esta época:

ALBA RÁPIDA

¡Pronto, de prisa, mi reino,
que se me escapa, que huye,
que se me va por las fuentes!
¡Qué luces, qué cuchilladas
sobre sus torres enciende!
Los brazos de mi corona,
¡qué ramas al cielo tienden!
¡Qué silencios tumba el alma!
¡Qué puertas cruza la Muerte!
¡Pronto, que el reino se escapa!
¡Que se derrumban mis sienes!
¡Qué remolino en mis ojos!
¡Qué galopar en mi frente!
¡Qué caballos de blancura
mi sangre en el cielo vierte!
Ya van por el viento, suben,
saltan por la luz, se pierden
sobre las aguas...
                    Ya vuelven
redondos, limpios, desnudos...
¡Qué primavera de nieve!
Sujetadme el cuerpo, ¡pronto!
¡que se me va!, ¡que se pierde
su reino entre mis caballos!,
¡que lo arrastran!, ¡que lo hieren!
¡que lo hacen pedazos, vivo,
bajo sus cascos celestes!
¡Pronto, que el reino se acaba!
¡Ya se le tronchan las fuentes!
¡Ay, limpias yeguas del aire!
¡Ay, banderas de mi frente!
¡Qué galopar en mis ojos!
Ligero, el mundo amanece...

EMILIO PRADOS

Por último, este otro romance de Cuba:

CHÉVERE

> Chévere del navajazo,
> se vuelve él mismo navaja:
> pica tajadas de luna,
> mas la luna se le acaba;
> pica tajadas de canto,
> mas el canto se le acaba;
> pica tajadas de sombra,
> mas la sombra se le acaba,
> y entonces pica que pica
> carne de su negra mala.

NICOLÁS GUILLÉN

Cuando el romance tiene menos de ocho sílabas recibe los nombres de: a) *endecha,* si los versos constan de siete sílabas, y b) *romancillo,* si tienen menos de siete; ejemplos:

> A una ciudad lejana
> ha llegado Don Pedro.
> Una ciudad lejana
> entre un bosque de cedros.
> ¿Es Belén? Por el aire
> yerbaluisa y romero.
> Brillan las azoteas
> y las nubes. Don Pedro
> pasa por arcos rotos.
> Dos mujeres y un viejo
> con velones de plata
> le salen al encuentro.
> Los chopos dicen: no.
> Y el ruiseñor: veremos.

F. GARCÍA LORCA

> Hermana Marica
> mañana, que es fiesta,
> no irás tú a la amiga
> ni iré yo a la escuela.

Pondráste el corpiño
y la saya buena,
cabezón labrado,
toca y albanega;
y a mí me pondrán
mi camisa nueva,
sayo de palmilla,
media de estameña...

LUIS DE GÓNGORA

Cuando el romance se construye con versos de once sílabas recibe el nombre de *romance heroico,* que no ha sido muy frecuente en nuestra métrica:

Entran de dos en dos en la estacada,
con lento paso y grave compostura,
sobre negros caballos, ocho pajes,
negras la veste, la gualdrapa y plumas;
después cuatro escuderos enlutados,
y cuatro ancianos caballeros, cuyas
armas empavonadas y rodelas
con negras manchas que el blasón ocultan,
y cuyas picas que por tierra arrastran,
sin pendoncillo la acerada punta,
que son, van tristemente publicando,
de la casa de Lara y de su alcurnia...

DUQUE DE RIVAS

6.4.2. *La silva*

La silva es una serie poética ilimitada en la que se combinan a voluntad del poeta versos de siete y once sílabas, con rima total o consonante, aunque muchas veces se introducen también versos sueltos. A pesar de que la silva es un poema no estrófico, sin embargo, los poetas suelen dividirlo en formas paraestróficas, desiguales, que recuerdan las estancias de la canción.

Karl Vossler dijo de la silva en su obra *La poesía de la soledad en España*:[7]

«El madrigal, con su mezcla de endecasílabos y heptasílabos de rima libre, preparó el camino a la silva, metro preferido por la poesía de la soledad del siglo XVII, que alcanza en las Soledades de Góngora celebridad universal. Con la palabra sylva, que se escribía, a menudo, así, con y, recordando el griego ὕλη, designaron los antiguos, por lo pronto, más que algo métricamente informado, algo informe, un anotar apresurado del tema en bruto: una improvisación...

...en España, donde la tendencia a la polimetría era ya en la Edad Media sorprendentemente vigorosa, se empezó a llamar silvas, desde principios del siglo XVII aproximadamente, a los poemas largos en forma de madrigal. Aún no está suficientemente aclarada la génesis de esta especialización del significado. El Conde de Schack supone que a ella contribuyó la «lira»... En realidad, podría considerarse muy bien la silva española como una lira asimétrica que ha perdido la articulación de la estrofa.»

Veamos un ejemplo de las *Soledades* de Góngora:

Era del año la estación florida
en que el mentido robador de Europa
—media Luna las armas de su frente,
y el Sol todos los rayos de su pelo—,
luciente honor del cielo,
en campos de zafiro pasce estrellas;
cuando el que ministrar podía la copa
a Júpiter mejor que el garzón de Ida,
—náufrago y desdeñado, sobre ausente—,
lagrimosas, de amor, dulces querellas
da al mar; que condolido,
fue a las ondas, fue al viento
el mísero gemido,
segundo de Arïón dulce instrumento.

---

7. Buenos Aires, Losada, 1946, pp. 98-104.

De el siempre en la montaña opuesto pino
al enemigo Noto,
piadoso miembro roto
—breve tabla— delfín no fue pequeño
al inconsiderado peregrino
que a una Libia de ondas su camino
fió, y su vida a un leño.
Del océano, pues, antes sorbido,
y luego vomitado
no lejos de un escollo coronado
de secos juncos, de calientes plumas
—alga todo y espumas—,
halló hospitalidad donde halló nido
de Júpiter el ave.
Besa la arena, y de la rota nave
aquella parte poca
que le expuso en la playa dio a la roca:
que aún se dejan las peñas
lisonjear de agradecidas señas.

La silva llega hasta nuestros días. Veamos un ejemplo del poema *Al sueño*, de Miguel de Unamuno:

En tu divina escuela,
neta y desnuda y sin extraño adorno,
la verdad se revela,
paz derramando en torno;
al oscuro color de tu regazo,
contenta y regocijada,
como el ave en su nido,
libre de ajeno lazo,
desnuda alienta la callada vida,
acurrucada en recatado olvido,
lejos del mundo de la luz y el ruido;
lejos de su tumulto
que poco a poco el alma nos agota,
en el rincón oculto
en que la fuente de la calma brota.

De tu apartado hogar en el asilo,
como una madre tierna
da en su pecho tranquilo
al hijo dulce leche nutritiva

> tú nos das la verdad eterna y viva
> que nos sostiene el alma,
> la alta verdad augusta,
> la fuente de la calma
> que nos consuela de la adversa suerte,
> la fe viva y robusta
> de que la vida vive de la muerte.

6.4.3. Poemas de versos sueltos

En Italia, en el siglo XVI, aparecen ciertas formas poéticas que se caracterizan por la ausencia de rima entre sus versos (los *versi sciolti*); estas composiciones pueden ser debidas bien a la imitación de la poesía latina clásica, bien por exigencias de la música. BOSCÁN es el que introduce esta forma en España, utilizando el verso endecasílabo. El poema de versos sueltos se ha empleado para determinadas composiciones, como epístolas y sátiras, y algunas veces en poemas líricos o narrativos. Es muy útil este tipo de poema para las traducciones de otras lenguas, pues la búsqueda de la rima puede ser un problema molesto, y a veces, resultar forzado.

Veamos un ejemplo del poema *Leandro*, de BOSCÁN:

> Llegaba la sazón del santo día:
> los sestios en el cual solemnizaban
> la gran fiesta de Venus y de Adonis.
> Cubiertos los caminos y los campos
> iban de gente alegre y presurosa;
> los unos caminando con silencio,
> los otros con cantar alegres himnos,
> hacia el templo donde eran estas fiestas.
> Ni hombre ni mujer hubo en las islas
> del Egeo, ni en todo el Helesponto,
> ni adonde en la Cythere en cielos quema,
> que a aquestos sacrificios no acudiesen.
> Muchos de Cipro y muchos de Tesalia
> fueron aquí y Frigia, y las montañas
> del Líbano quedaron despobladas.

O este otro de *La catedral de Barcelona*, de Unamuno:

> *La catedral de Barcelona dice:*
> *Se levantan, palmeras de granito,*
> *desnudas mis columnas; en las bóvedas*
> *abriéndose sus copas se entrelazan,*
> *y del recinto en torno su follaje*
> *espeso cae hasta prender en tierra,*
> *desgarrones dejando en ventanales,*
> *y cerrando con piedra floreciente*
> *tienda de paz en vasto campamento.*
> *Al milagro de fe de mis entrañas*
> *la pesadumbre de la roca cede,*
> *de su grosera masa se despoja·*
> *mi fábrica ideal, y es sólo sombra,*
> *sombra cuajada en formas de misterio*
> *entre la luz humilde que se filtra*
> *por los dulces colores de alba eterna.*

6.4.4. *Poemas de versos libres*

El poema de versos libres, o el verso libre, como se acostumbra denominar, es una ruptura casi total de las formas métricas tradicionales. Sus características son: *a*) ausencia de estrofas; *b*) ausencia de rima; *c*) ausencia de medida en los versos; *d*) ruptura sintáctica de la frase; *e*) aislamiento de la palabra, etc.

Todavía falta un estudio de conjunto y profundo sobre este tipo de poemas. Sería interesante acometer la empresa y buscar lo que de rítmico pueda existir, es decir, si sólo hay aspecto conceptual, sin el formal, o de existir éste, en qué se basa. Podría iniciarse la investigación buscando el modo de distribución de las estructuras morfosintácticas de los grupos fónicos, o de la estructura acentual.

Veamos un hermoso ejemplo de Rafael Alberti: *A miss X, enterrada en el viento del oeste*, de su libro *Cal y Canto*:

> *¡Ah, Miss X, Miss X: 20 años!*
> *Blusas en las ventanas,*
> *los peluqueros*
> *lloran sin tu melena*
> *—fuego rubio cortado—.*

¡Ah, Miss X, Miss X sin sombrero,
alba sin colorete,
sola
tan libre,
tú,
en el viento!

No llevabas pendientes.

Las modistas de blanco en los balcones,
perdidas por el cielo.
         —¡A ver!
         ¡Al fin!
         ¿Qué?
               ¡No!
               Sólo era un pájaro,
               no tú,
               Miss X niña.

El barman, ¡oh qué triste!
         (Cerveza.
         Limonada.
         Whisky.
         Cocktail de ginebra.)

Ha pintado de negro las botellas.
Y las banderas,
alegrías del bar,
de negro, a media asta.

¡Y el cielo sin girar tu radiograma!

Treinta barcos,
cuarenta hidroaviones
y un velero cargado de naranjas,
gritando por el mar y por las nubes.

                   Nada.

¡Ah, Miss X! ¿Adónde?
S. M. el Rey de tu país no come.
No duerme el Rey.
Fuma.
Se muere por la costa en automóvil.

Ministerios,
Bancos de oro,
Consulados,
Casinos,
Tiendas,
Parques,
cerrados.

Y mientras, tú, en el viento
—¿te aprietan los zapatos?—,
Miss X, de los mares
—di ¿te lastima el aire?—

¡Ah, Miss X, Miss X, qué fastidio!
Bostezo.
            Adiós...
                        —Good bye...

(Ya nadie piensa en ti. Las mariposas
de acero,
con las alas tronchadas,
incendiando los aires,
fijas sobre las dalias
movibles de los vientos.
Sol electrocutado.
Luna carbonizada.
Temor al oso blanco del invierno.
Veda.
Prohibida la caza
marítima, celeste,
por orden del Gobierno.

Ya nadie piensa en ti, Miss X niña.)

IV

COMENTARIOS MÉTRICOS

7. PRIMER COMENTARIO MÉTRICO

7.0. Dado el siguiente texto de FEDERICO GARCÍA LORCA, analizar todos los elementos métricos que lo conforman:

EN LA MUERTE DE
JOSÉ DE CIRIA Y ESCALANTE

¿Quién dirá que te vió, y en qué momento?
¡Qué dolor de penumbra iluminada!
Dos voces suenan: el reloj y el viento,
mientras flota sin ti la madrugada.

Un delirio de nardo ceniciento
invade tu cabeza delicada.
¡Hombre! ¡Pasión! ¡Dolor de luz! Memento.
Vuelve hecho luna y corazón de nada.

Vuelve hecho luna: con mi propia mano
lanzaré tu manzana sobre el río
turbio de rojos peces de verano.

Y tú, arriba, en lo alto, verde y frío,
¡olvídame! y olvida al mundo vano,
delicado Giocondo, amigo mío.

7.1. CARÁCTER DEL TEXTO

El texto dado es un poema, dividido en cuatro estrofas. Al terminar el análisis podremos decir cuál es su estructura.

7.2. ANÁLISIS MÉTRICO

Sobre el texto enunciado vamos a reflejar gráficamente los elementos que lo integran: *a*) la división silábica; *b*) la acentuación; *d*) las pausas; *e*) el tono. Quedaría del siguiente modo:

1. Quién - di - rá - que - te - vió ↓ / - y ‿en - qué - mo - mén - to ↓ //

2. Qué - do - lór - de - pe - núm - bra ‿i - lu - mi - ná - da ↓ //

3. Dós - vó - ces - sué - nan ↓ / - el - re - lój - y ‿el - vién - to ↓ //

4. mien - tras - fló - ta - sin - tí - la - ma - dru - gá - da ↓ ///

5. Ún - de - lí - rio - de - nár - do - ce - ni - cién - to ↑ //

6. in - vá - de - tu - ca - bé - za - de - li - cá - da ↓ //

7. Hóm - bre ↓ / - Pa - sión ↓ / - Do - lór - de - lúz ↓ / - Me - mén - to ↓ //

8. Vuél - ve ‿hé - cho - lú - na ‿y - co - ra - zón - de - ná - da ↓ ///

9. Vuél - ve ‿hé - cho - lú - na ↓ / - con - mi - pró - pia - má - no - ↑ ///

10. lan - za - ré - tu - man - zá - na - so - bre ‿el - rí - o →

11. túr - bio - de - ró - jos - pé - ces - de - ve - rá - no ↓ ///

12. Y - tú ↑ / ‿a - rrí - ba ↓ / ‿en - lo - ál - to ↓ / - vér - de ‿y - frí - o ↓ //

13. ol - ví - da - me ↓ / - y ‿ol - ví - da ‿al - mún - do - vá - no ↓ //

14. de - li - cá - do - Gio - cón - do ↓ / ‿a - mí - go - mí - o ↓ ////

7.3. COMENTARIO MÉTRICO

7.3.1. *El análisis silábico*

Los versos *4, 5, 6, 7* y *11* poseen 11 sílabas fonológicas = = 11 sílabas métricas (v. § 3.1).

Los versos *1, 2, 3, 9, 10* y *14* tienen 12 sílabas fonológicas, pero como cada uno de ellos presenta 1 sinalefa, en definitiva, tienen 11 sílabas métricas.

Los versos *8* y *13* tienen 13 sílabas fonológicas, pero como hay 2 sinalefas en cada uno de ellos, son de 11 sílabas métricas.

El verso *12* tiene 14 sílabas fonológicas, pero como hay 3 sinalefas = 11 sílabas métricas. Obsérvese cómo en «lo alto» no se produce sinalefa, por ser la primera sílaba tónica (*álto*).

Como vemos, todos los versos de este fragmento tienen 11 sílabas métricas o tiempos métricos: el texto es isosilábico, formado por versos endecasílabos (versos simples de arte mayor; v. § 3.5.2.3).

7.3.2. *El análisis acentual*

Verso *1:* acentos en las sílabas métricas 1.ª, 3.ª, 6.ª, 8.ª y 10.ª
Verso *2:* » » » » » 1.ª, 3.ª, 6.ª y 10.ª
Verso *3:* » » » » » 1.ª, 2.ª, 4.ª, 8.ª y 10.ª
Verso *4:* » » » » » 3.ª, 6.ª y 10.ª
Verso *5:* » » » » » 1.ª, 3.ª, 6.ª y 10.ª
Verso *6:* » » » » » 2.ª, 6.ª y 10.ª
Verso *7:* » » » » » 1.ª, 4.ª, 6.ª, 8.ª y 10.ª
Verso *8:* » » » » » 1.ª, 2.ª, 4.ª, 8.ª y 10.ª
Verso *9:* » » » » » 1.ª, 2.ª, 4.ª, 8.ª y 10.ª
Verso *10:* » » » » » 3.ª, 6.ª y 10.ª
Verso *11:* » » » » » 1.ª, 4.ª, 6.ª y 10.ª
Verso *12:* » » » » » 2.ª, 3.ª, 6.ª, 8.ª y 10.ª
Verso *13:* » » » » » 2.ª, 6.ª, 8.ª y 10.ª
Verso *14:* » » » » » 3.ª, 6.ª, 8.ª y 10.ª

El esquema acentual sería el siguiente:

Verso *1:* ´ — ´ — — ´ — ´ — ´
Verso *2:* — ´ — ´ — — ´ — ´ —
Verso *3:* ´ ´ — ´ — — — ´ — ´
Verso *4:* — — ´ — — ´ — — — ´
Verso *5:* ´ — ´ — — ´ — — ´ —
Verso *6:* — ´ — — — ´ — — — ´
Verso *7:* ´ — — ´ — ´ — ´ — ´
Verso *8:* ´ ´ — ´ — — — ´ — ´
Verso *9:* ´ ´ — ´ — — — ´ — ´

Verso 10: — — ´ — — — ´ — — — ´ —
Verso 11: ´ — — ´ — — ´ — — ´ —
Verso 12: — ´ ´ — — — ´ — ´ — ´ —
Verso 13: — ´ — — — ´ — ´ — ´ —
Verso 14: — — ´ — — — ´ — ´ — ´ —

Todos los endecasílabos tienen un acento constante sobre la décima sílaba métrica, luego son *paroxítonos* (v. § 1.3). Como tienen el último acento sobre sílaba par, son todos de *ritmo yámbico* (v. § 1.6.1). Todos los acentos que se encuentran sobre las sílabas pares (2.ª, 4.ª, 6.ª u 8.ª sílabas) son *acentos rítmicos* (véase § 1.6.3), y los que se encuentran sobre las sílabas impares (1.ª o 3.ª, en nuestro texto no hay otras) son *acentos extrarrítmicos* (v. § 1.6.3). En los versos *3, 8* y *9,* el acento en 1.ª sílaba es, además, *antirrítmico* (v. § 1.6.4), así como el acento sobre la sílaba 3.ª del verso *12.*

7.3.3. *El análisis de las pausas*

Los versos *1, 2, 3, 5, 6, 7, 9, 12* y *13* presentan *pausa versal* (v. § 4.1.1). Los versos *4, 8* y *11* presentan *pausa estrófica* (v. § 4.1.1), que, normalmente, es más larga que la versal. Después del verso *14,* ya no hay nada, la pausa es final.

El verso *10* no presenta pausa versal porque tiene *encabalgamiento sirremático suave* (v. §§ 4.3, 4.3.2.2.2 y 4.3.2.3.2); hemos considerado en este caso la ausencia de pausa (para su problemática, v. § 4.3).

Pausas internas presentan los versos *1, 3, 7, 9, 12, 13* y *14;* son *versos pausados* (v. § 4.1.1). De ellos, los versos *7* y *12* son *polipausados.*

Los versos *2, 4, 5, 6, 8, 10* y *11* son *impausados* (v. § 4.1.1). De todos ellos, los versos *2, 5* y *11* no permiten pausa en su interior por formar sirremas (v. § 4.3) todos sus elementos «Qué dolor de penumbra iluminada», «un delirio de nardo ceniciento», etc.

El verso *4* es impausado por su especial construcción: podemos pausarlo después de *mientras flota,* pero sólo son cuatro sílabas, y, como no hay razones sintácticas, ni de orden fonético, no es necesaria la pausa; también se podría pausar después de *sin ti (mientras flota sin ti),* pero en este caso quedaría totalmente aislado el sirrema *la madrugada,* como final de estrofa, aislamiento que no sería relevante. No obstante, como todo el verso no está encadenado sirremáticamente (como lo está, por ejemplo, el verso *11)* el lector puede realizar la pausa en cualquiera de los lugares indicados.

El verso *6* es impausado porque el único lugar en el que podemos situar la pausa es después de *invade* (el resto es un sirrema), y es un grupo fónico de sólo 3 sílabas.

El verso *8* puede llevar pausa después de *luna* (5 sílabas). Por motivos subjetivos, no la hemos realizado.

En los versos *12* y *14* hay que señalar la presencia de pausas internas junto a sinalefas: «tú/‿arriba/‿en lo alto», «Giocondo/‿amigo». Estas pausas no impiden la sinalefa; en los lugares mencionados, se produce simultáneamente la sinalefa, la pausa y el descenso del tono (v. §§ 4.1.1 y 3.1.1).

7.3.4. *El análisis del tono*

Los versos *2, 4, 6, 8* y *11* presentan sólo una inflexión final descendente del tono, porque son enunciados completos y afirmativos. Esta inflexión se produce a partir de la última vocal acentuada, cualquiera que sea su dirección: descendente, ascendente u horizontal (v. § 4.2).

Los versos *1, 3, 7, 13* y *14* presentan inflexiones tonales descendentes en posición interior antes de cada pausa interna por ser enunciados afirmativos, además de las inflexiones finales antes de cada pausa versal; son también descendentes por ser todos, menos el verso *1,* enunciados afirmativos. El verso *1* es un doble enunciado interrogativo: su tono desciende porque los enunciados interrogativos que llevan una partícula interrogativa (*quién* y *qué* en nuestro caso) tienen tono descendente para evitar redundancias, ya que su condición de interrogativo viene marcada por la partícula.

El verso 5 tiene su tono ascendente porque su enunciado termina en el verso 6; es decir, espera una complementación que la pausa versal ha dividido.

El verso 9 presenta dos inflexiones tonales: una, después de *luna*; otra, al final. La primera es descendente porque es un enunciado completo afirmativo. La segunda es ascendente, porque, como constituye un hipérbaton de enunciado incompleto, debe complementarse con el verso 10.

El verso 10 aparece con tono horizontal porque forma encabalgamiento con el verso 11, y tanto en este caso, en el que hemos considerado ausencia de pausa, como en el de existir la pausa, el tono de *río* se continúa al mismo nivel en *turbio*.

Todas las inflexiones tonales del verso 12 son descendentes, menos la primera, que es ascendente porque al haber dos incisos locativos (*arriba, en lo alto*) espera la adjetivación (*verde y frío*) que ha quedado alejada.

7.3.5. *El análisis de la rima*

Las cuatro estrofas organizan su rima de la siguiente forma:

Verso 1	-én-to
Verso 2	-á-da
Verso 3	-én-to
Verso 4	-á-da
Verso 5	-én-to
Verso 6	-á-da
Verso 7	-én-to
Verso 8	-á-da
Verso 9	-á-no
Verso 10	-í-o

Verso 11 ... ...   -á-no
Verso 12 ... ...   -í-o
Verso 13 ... ...   -á-no
Verso 14 ... ...   -í-o

Luego la rima es total y paroxítona (v. §§ 2.2.1.1 y 2.2.2.2), y su esquema el siguiente:

$$ABAB - ABAB - CDC - DCD$$

La rima de los dos cuartetos es *cruzada* o *encadenada* (véase § 2.3.4), así como la de los tercetos.

7.4. ESTRUCTURA DEL TEXTO

Resumiendo, podemos deducir las siguientes características:
1. Es un poema poliestrófico suelto (v. §§ 6.2.1.1.2 y 6.2.2.1) compuesto por cuatro estrofas: dos cuartetos y dos tercetos: es un soneto.
2. Las estrofas son isométricas (v. § 5.2.1), formadas por versos endecasílabos, cuyas rimas son totales.
3. Todos los versos llevan el acento final sobre la décima sílaba; son, por lo tanto, de ritmo yámbico.
4. El axis rítmico es isopolar, y está situado en la décima sílaba.

8. SEGUNDO COMENTARIO MÉTRICO

8.0. Comentario métrico del poema *Mis poetas*, de Antonio Machado.

> *El primero es Gonzalo de Berceo llamado,*
> *Gonzalo de Berceo, poeta y peregrino,*
> *que yendo en romería acaeció en un prado,*
> *y a quien los sabios pintan copiando un pergamino.*
>   *Trovó a Santo Domingo, trovó a Santa María,*
> *y a San Millán, y a San Lorenzo y Santa Oria,*
> *y dijo: Mi dictado non es de juglaría;*
> *escrito lo tenemos; es verdadera historia.*
>   *Su verso es dulce y grave; monótonas hileras*
> *de chopos invernales en donde nada brilla;*
> *renglones como surcos en pardas sementeras,*
> *y lejos, las montañas azules de Castilla.*
>   *Él nos cuenta el repaire del romeo cansado;*
> *leyendo en santorales y libros de oración,*
> *copiando historias viejas, nos dice su dictado,*
> *mientras le sale afuera la luz del corazón.*

8.1. ANÁLISIS MÉTRICO

1. El - pri - mé - ro ‿ és - Gon - zá - lo - de - Ber - cé - o - lla - má - do ↓ //
2. Gon - zá - lo - de - Ber - cé - o ↑ // po - é - ta ‿ y - pe - re - grí - no ↑ //
3. que - yén - do ‿ en - ro - me - rí - a ↑ // a - cae - ció - en - ún prá - do ↓ //

4. y‿a - quien - los - sá - bios - pín - tan ↑// co - pián - do‿ún - per - ga - mí - no ↓ ///

5. Tro - vó‿a - Sán - to - Do - mín - go ↓ // tro - vó‿a - Sán - ta - Ma - rí - a ↓//

6. y‿a - Sán - Mi - llán↓/ y‿a - Sán - Lo - rén - zo↑y - Sán - ta - Ó - ria ↓//.

7. y - dí - jo ↓/ mi - dic - tá - do ↑ // nón - és - de - ju - gla - rí - a ↓//

8. es - crí - to - lo - te - né - mos ↓//és - ver - da - dé - ra‿his - tó - ria ↓ ///

9. Su - vér - só‿és - dúl - ce‿y - grá - ve ↓// mo - nó - to - nas - hi - lé - ras

10. de - chó - pos - in - ver - ná - les↑// en - don - de - ná - da - brí - lla ↓ //

11. ren - gló - nes - có - mo - súr - cos ↑// en - pár - das - se - men - té - ras ↓//

12. y - lé - jos ↑ / las - mon - tá - ñas - a - zú - les - de - Cas - tí - lla ↓ ///

13. Él - nos - cuén - ta‿el - re - pái - re - del - ro - mé - o - can - sá - do ↓//

14. le - yén - do‿en - san - to - rá - les ↑// y - lí - bros - de‿o - ra - ción ↓//

15. co - pián - do‿his - tó - rias - vié - jas ↑ // nos - dí - ce - su - dic - tá - do ↑//

16. mién - tras - le - sá - le‿a - fué - ra ↑ // la - lúz - del - co - ra - zón ↓///

8.2. COMENTARIO MÉTRICO

8.2.1. *El análisis silábico*

Los versos *7, 10, 11* y *12* poseen 14 sílabas fonológicas = = 14 sílabas métricas.

Los versos *1, 2, 8, 13* y *15* poseen 15 sílabas fonológicas, pero como en cada uno de ellos hay una sinalefa, se quedan reducidas a 14 sílabas métricas. La sinalefa del verso *1* se produce entre una sílaba átona y otra tónica (- *pri* - *mé* - *ro* ⌣ *és* -) por lo que resulta algo violenta. En el resto de los versos indicados, se produce entre sílabas átonas.

Los versos *4, 5* y *9* tienen 16 sílabas fonológicas; si descontamos las dos sinalefas que aparecen en cada uno de ellos, quedan 14 sílabas métricas.

En todos los versos, aparece alguna sinalefa con sílaba tónica. Hay que advertir que la sinalefa resulta menos violenta cuando se produce en el orden «sílaba tónica + sílaba átona» que a la inversa.

El verso *6* tiene 17 sílabas fonológicas, pero al presentar tres sinalefas entre sílabas átonas, queda reducido a 14 sílabas métricas.

El verso *3* aparece con una sinalefa (- *yen* - *do* ⌣ *en* -) y con una sinéresis: *a* - *cae* - *ció*, en lugar de *a* - *ca* - *e* - *ció*. El total es de 14 sílabas métricas.

En el verso *14* aparecen dos sinalefas entre sílabas tónicas: hay 15 sílabas fonológicas; menos las 2 sinalefas, quedan 13 sílabas métricas, pero como hay que contar un tiempo métrico más por tratarse de un verso oxítono (*oración*), el total es de 14 sílabas métricas.

El verso *16*, tiene 14 sílabas fonológicas, pero hay una sinalefa, y también es oxítono, por lo que al final quedan 14 sílabas métricas.

Como vemos, todos los versos son de 14 sílabas métricas. Se trata, por lo tanto, de versos compuestos de «7 + 7» sílabas. El poeta emplea intencionadamente este tipo de verso para imitar el alejandrino clásico.

Al tratarse de un verso compuesto, después del primer heptasílabo aparece una cesura o pausa, que, en su comportamiento, es igual a la pausa versal del verso simple: *a*) como éste, impide la sinalefa: en el verso *3*, la cesura se establece entre *romería* y *acaeció*: *romería*//*acaeció*, donde de no existir la cesura, se podría producir sinalefa entre las dos vocales *a*. *b*) El cómputo silábico del verso simple anterior a la cesura se realiza según la posición del acento en las últimas tres sílabas, del mismo modo que si fuese un verso simple normal: en el verso 6,

> *y a San Millán, y a San//Lorenzo y Santa Oria*

la cesura está situada entre *San* y *Lorenzo*. La forma de tratamiento *San* es átona, pero al estar situada antes de la pausa, recibe acento; de este modo, al pasar a ser tónica, *Sán,* convierte el primer verso en oxítono, por lo que hay que computar en él una sílaba más:

$$y \smile a - San - Mi - llán - y \smile a - Sán = 6 \text{ sílabas métricas} + 1$$

tiempo métrico por ser oxítono = 7 sílabas métricas.

En resumen, podemos decir que todos los versos aquí señalados tienen catorce sílabas métricas: el texto es *isosilábico* formado por versos compuestos de «7 + 7» sílabas.

8.2.2. *El análisis acentual*

Los acentos están distribuidos del siguiente modo:

Acentos sobre las sílabas métricas:

Verso 1:	3.ª, 4.ª, 6.ª // 10.ª y 13.ª
Verso 2:	2.ª, 6.ª // 9.ª y 13.ª
Verso 3:	2.ª, 6.ª // 10.ª, 12.ª y 13.ª
Verso 4:	4.ª, 6.ª // 9.ª, 10.ª y 13.ª
Verso 5:	2.ª, 6.ª // 9.ª y 13.ª
Verso 6:	4.ª, 6.ª // 9.ª y 13.ª
Verso 7:	2.ª, 6.ª // 8.ª, 9.ª y 13.ª
Verso 8:	2.ª, 6.ª // 8.ª, 11.ª y 13.ª
Verso 9:	2.ª, 3.ª, 4.ª, 6.ª // 9.ª y 13.ª
Verso 10:	2.ª, 6.ª // 11.ª y 13.ª
Verso 11:	2.ª, 6.ª // 9.ª y 13.ª
Verso 12:	2.ª, 6.ª // 9.ª y 13.ª
Verso 13:	1.ª, 3.ª, 6.ª // 10.ª y 13.ª
Verso 14:	2.ª, 6.ª // 9.ª y 13.ª
Verso 15:	2.ª, 4.ª, 6.ª // 9.ª y 13.ª
Verso 16:	4.ª, 6.ª // 9.ª y 13.ª

El esquema acentual de esta composición es el siguiente:

```
 1.  — — ´ ´ — ´ — // — — ´ — — ´ —
 2.  — ´ — — — ´ — // — ´ — — — ´ —
 3.  — ´ — — — ´ — // — — ´ — ´ ´ —
 4.  — — — — ´ — ´ — // — — ´ ´ — — ´ —
 5.  — ´ — — — ´ — // — — ´ — — ´ —
 6.  — — — — ´ — — ´ (—) // — — ´ — — — ´ —
 7.  — ´ — — — ´ — // ´ ´ — — — ´ —
 8.  — ´ — — — ´ — // ´ — — ´ — — ´ —
 9.  — ´ ´ ´ — ´ — // — ´ — — — ´ —
10.  — ´ — — — ´ — // — — ´ — ´ ´ —
11.  — ´ — — — ´ — // — — ´ — — ´ —
12.  — ´ — — — ´ — // — — ´ — — ´ —
13.  ´ — ´ — — ´ — // — — — ´ — — ´ —
14.  — ´ — — — ´ — // — — ´ — — — ´ (—)
15.  — ´ — ´ — ´ — // — — ´ — — ´ —
16.  — — — ´ — ´ — // — — ´ — — — ´ (—)
```

Como se trata de versos compuestos, aparecen dos acentos constantes en 6.ª y 13.ª sílabas. La mayoría de los versos son *paroxítonos*. Aparecen como *oxítonos* el primer componente del verso 6 y los segundos componentes de los versos *14* y *16*.

Al estar situado el último acento antes de la pausa en sílaba par, la 6.ª, de los primeros versos componentes y la 13.ª (= 6.ª) de los segundos componentes, la composición posee un ritmo *yámbico*: entonces, todos los acentos situados sobre las sílabas pares en los primeros versos componentes son acentos *rítmicos*; también lo son los situados sobre las sílabas impares de los segundos versos componentes, ya que la sílaba 13.ª equivale a la 6.ª de éstos. Del mismo modo, los acentos que se encuentran sobre las sílabas impares de los primeros versos componentes y sobre las pares de los segundos versos componentes, son *extrarrítmicos*. Los acentos sobre la 3.ª sílaba del verso *1*, la 10.ª del verso *4*, la 8.ª del verso *7*, y la 3.ª del *9*, son *antirrítmicos*.

Los versos de este poema no se caracterizan por su plenitud acentual: tienen sólo 4 o 5 sílabas acentuadas cada uno; esto representa una media por verso de 4,5 acentos en las 14 sílabas, cifra evidentemente baja si se compara con la media de 5,9 y 5,3 acentos por verso endecasílabo de los sonetos de Góngora y Lorca, respectivamente, comentados en este mismo capítulo. Esta escasez acentual infiere a este poema de Machado el ritmo lento y cadencioso que quiere reflejar en su contenido.

8.2.3. *El análisis de las pausas*

En cada uno de los versos de catorce sílabas existen, como ya hemos señalado repetidas veces, dos pausas: una después de las siete primeras sílabas y otra después de las siete segundas sílabas. Ambas son *pausas versales*. Las pausas estróficas aparecen después de los versos 4, 8, 12 y 16. La *pausa final* se produce después del verso 16.

El verso 1, presenta un encabalgamiento sirremático: *Gonzalo//de Berceo.* El dilema que se presenta es el que ya hemos señalado: si se mantiene la pausa, se rompe la unidad del sirrema; si se mantiene ésta, se viola la pausa. Nosotros hemos optado por la segunda solución.

El verso 6 presenta una pausa interna en el primer verso componente: *a San Millán/y a San.* También aquí hay otro encabalgamiento sirremático: *y a San//Lorenzo.* Hemos optado por el no mantenimiento de la pausa. Ello no impide que haya que considerar el primer verso componente como oxítono, que recobre *San* su tonicidad, y que en definitiva debamos considerar un tiempo métrico más para que dé como resultado las siete sílabas métricas.

En el verso 7 aparece una pausa interna: *y dijo/mi dictado.* El primer miembro, *y dijo,* es un braquistiquio.

Al final del verso 9 se produce un encabalgamiento sirremático suave: *monótonas hileras* (//) *de chopos invernales;* en él se produce la coincidencia entre contenido y expresión.

En el verso 12 aparece un encabalgamiento sirremático suave: *las montañas azules de Castilla.* En el primer verso componente también se da un braquistiquio: *y lejos.* La combinación de este braquistiquio y del encabalgamiento produce un marcado efecto estilístico.

El verso *13* presenta nuevamente un encabalgamiento suave: *el repaire del romeo cansado.*

8.2.4. *El análisis tonal*

El verso *1* termina con juntura descendente. El verso *2* presenta dos junturas ascendentes: una al final del primer componente versal que espera las complementaciones siguientes; otra, al final del inciso explicativo *poeta y peregrino.* El verso *3* tiene juntura ascendente al final de la subordinada hiperbatizada *yendo en romería,* y descendente al final. El verso *4* presenta los movimientos entonativos propios de un enunciado incompleto: *y a quien los sabios pintan,* ascendente, y completo: *copiando un pergamino.*

Los versos *5* y *6* aparecen con junturas descendentes: es una enumeración incompleta hasta el final del verso *6,* pese a la presencia reiterada de copulativas que sólo pretenden dar un sabor arcaizante al texto; la presencia de las comas refuerza el sentido enumerativo incompleto, que acaba después de *San Lorenzo.* En este punto, aun sin pausa, aparece una juntura ascendente que indica el final de la enumeración en el grupo siguiente: *y Santa Oria.*

La estructura sintáctica de los versos *7* y *8* refleja claramente el comportamiento tonal.

El verso *9* tiene juntura descendente después de *grave* indicando un enunciado completo. Después, a causa del encabalgamiento, ya no se produce otra juntura terminal hasta el verso *10,* que es ascendente, por esperar la complementación del segundo componente, *en donde nada brilla,* que termina en juntura descendente, por finalizar el enunciado. El verso *11* muestra los comportamientos entonativos propios del enunciado que espera la complementación y del completo, respectivamente. El verso *12* muestra un braquistiquio, *y lejos,* con entonación ascendente por tratarse de un complemento circunstancial hiperbatizado, y juntura descendente al final.

El verso *13*, impausado por la presencia del encabalgamiento, presenta juntura descendente al final. El verso *14* tiene la entonación propia de una coordinada copulativa. La entonación del verso *15* y del primer componente del *16* aparecen con juntura terminal ascendente por tratarse de un enunciado hiperbatizado (*copiando historias viejas*) de un enunciado principal (*nos dice su dictado*) que espera complementación y de otro enunciado (*mientras le sale afuera*) que conforma un sintagma verbal antepuesto al nominal (*la luz del corazón*), el cual, para terminar la estrofa, aparece con juntura descendente.

8.2.5. *El análisis del timbre*

Estas cuatro estrofas organizan su rima de la siguiente forma:

versos	rimas	esquema
1	-á-do	A
2	-í-no	B
3	-á-do	A
4	-í-no	B
5	-í-a	C
6	-ó-ria	D
7	-í-a	C
8	-ó-ria	D
9	-é-ras	E
10	-í-lla	F
11	-é-ras	E
12	-í-lla	F
13	-á-do	A
14	-ón	H
15	-á-do	A
16	-ón	H

Las rimas de las cuatro estrofas son *totales*: *paroxítonas* las de todos los versos con excepción de las rimas *14* y *16* que son *oxítonas*.

El poema está formado por cuatro estrofas de cuatro versos (cuartetos) que imitan en parte el tetrástrofo monorrimo alejandrino. Este tipo de estrofa, generalmente no monorrima, fue usada por los poetas del Modernismo y de la Generación de 1927, tanto por influencia francesa como por amor a los primitivos poetas castellanos.

Las rimas de cada cuarteto son *encadenadas* (*cruzadas, entrelazadas* o *alternadas*). Las tres primeras estrofas poseen rimas distintas entre sí. La cuarta repite alternadamente la primera rima de la primera estrofa, combinándola con la única oxítona de toda la composición.

8.2.6. *Conclusión*

1. Es un poema poliestrófico suelto compuesto por cuatro estrofas, que son cuartetos.

2. Las estrofas son isométricas, formadas por versos de arte mayor, alejandrinos, cuyas rimas son totales.

3. Todos los versos poseen dos acentos finales fijos situados sobre las sílabas 6.ª y 13.ª. Su ritmo es yámbico.

4. El axis rítmico es isopolar y está situado en la 13.ª sílaba.

9. TERCER COMENTARIO MÉTRICO-ESTILÍSTICO

9.0.   Comentario del soneto *A Córdoba,* de GÓNGORA.

Analizar los elementos métricos que conforman el siguiente texto de Luis de Góngora:

> ¡Oh excelso muro, oh torres coronadas
> de honor, de majestad, de gallardía!
> ¡Oh gran río, gran rey de Andalucía,
> de arenas nobles, ya que no doradas!
>   ¡Oh fértil llano, oh sierras levantadas,
> que privilegia el cielo y dora el día!
> ¡Oh siempre gloriosa patria mía,
> tanto por plumas cuando por espadas!
>   ¡Si entre aquellas rüinas y despojos
> que enriquece Genil y Dauro baña
> tu memoria no fue alimento mío,
>   nunca merezcan mis ausentes ojos
> ver tu muro, tus torres y tu río,
> tu llano y sierra, oh patria, oh flor de España!

9.1.   ANÁLISIS MÉTRICO

1. Óh ‿ ex - cél - so - mú - ro ↓ / óh - tó - rres - co - ro - ná - das
2. de ‿ ho - nór ↓ / - de - ma - jes - tád ↓ / - de - ga - llar -
    dí - a ↓ //
3. Óh - grán - rí - o ↓ / grán - réy - de ‿ An - da - lu - cí - a ↓ /
4. de ‿ a - ré - nas - nó - bles ↓ / - ya - que - nó - do - rá - das ↓ ///
5. Óh - fér - til - llá - no ↓ / óh - sié - rras - le - van - tá - das ↓ /

6. que - pri - vi - lé - gia ‿ el - cié - lo ↑ / y - dó - ra ‿ el - dí - a ↓ //
7. Óh - siém - pre - glo - ri - ó - sa - pá - tria - mí - a ↓ /
8. tán - to - por - plú - mas ↑ / cuan - do - por - es - pá - das ↓ ///
9. Si ‿ en - tre ‿ a - qué - llas - ru - í - nas - y - des - pó - jos
10. que ‿ en - ri - qué - ce - Ge - níl ↑ / - y - Dáu - ro - bá - ña ↑ /
11. tu - me - mó - ria - nó - fué ‿ a - li - mén - to - mí - o ↑ ///
12. nún - ca - me - réz - can - mis - au - sén - tes - ó - jos ↑ /
13. vér - tu - mú - ro ↓ / - tus - tó - rres ↑ / y - tu - rí - o ↓ /
14. tu - llá - no ‿ y - sié - rra ↓ / óh - pá - tria ↓ / óh - flór - de ‿ Es -
    pá - ña ↓ ///

9.2. Comentario métrico

9.2.1. *El análisis silábico*

Los versos *8, 12* y *13* poseen 11 sílabas fonológicas = 11 sílabas métricas.

Los versos *2, 3, 4, 5, 10* y *11* tienen 12 sílabas fonológicas, pero al presentar cada uno de ellos una sinalefa, se quedan reducidas a 11 sílabas métricas.

Los versos *1* y *9* tienen 13 sílabas fonológicas, pero al haber en cada uno de ellos dos sinalefas, métricamente, son de 11 sílabas.

El verso *6* tiene 14 sílabas fonológicas, menos tres sinalefas, resultan 11 sílabas métricas.

El verso *14* tiene 15 sílabas fonológicas; si le restamos las cuatro sinalefas, quedan también 11 sílabas métricas.

Todos los versos de este fragmento tienen 11 sílabas métricas: el texto es *isosilábico,* formado por versos endecasílabos.

Debemos señalar:

a) La presencia en los versos *7* y *9* de una diéresis en cada uno de ellos: *glo - ri - o - sa,* en lugar de *glo - rio - sa* y *ru - i - nas,* en lugar de *rui - nas,* respectivamente. El poeta prefiere, en el verso *9,* utilizar esa diéresis y mantener las dos sinalefas iniciales.

b) La pausa interna no impide la sinalefa, es decir, pueden coexistir los dos fenómenos; tales son los casos de los versos *1*

(- mu - ro ‿ oh -), *5* (- lla - no ‿ oh -), *6* (- cie - lo ‿ y -), *14* (- sie -
rra ‿ oh -; - pa - tria ‿ oh -).

9.2.2. *El análisis acentual*

Los acentos están distribuidos del siguiente modo:

Verso   *1:* acentos en las sílabas métricas 1.ª, 3.ª, 5.ª, 6.ª, 7.ª y
                                               10.ª
Verso   *2:*   »   »   »   »   »   2.ª, 6.ª y 10.ª
Verso   *3:*   »   »   »   »   »   1.ª, 2.ª, 3.ª, 5.ª, 6.ª y
                                               10.ª
Verso   *4:*   »   »   »   »   »   2.ª, 4.ª, 6.ª, 8.ª y 10.ª
Verso   *5:*   »   »   »   »   »   1.ª, 2.ª, 4.ª, 5.ª, 6.ª y
                                               10.ª
Verso   *6:*   »   »   »   »   »   4.ª, 6.ª, 8.ª y 10.ª
Verso   *7:*   »   »   »   »   »   1.ª, 2.ª, 6.ª, 8.ª y 10.ª
Verso   *8:*   »   »   »   »   »   1.ª, 4.ª y 10.ª
Verso   *9:*   »   »   »   »   »   3.ª, 6.ª y 10.ª
Verso   *10:*   »   »   »   »   »   3.ª, 6.ª, 8.ª y 10ª
Verso   *11:*   »   »   »   »   »   3.ª, 5.ª, 6.ª, 8.ª y 10.ª
Verso   *12:*   »   »   »   »   »   1.ª, 4.ª, 8.ª y 10.ª
Verso   *13:*   »   »   »   »   »   1.ª, 3.ª, 6.ª y 10.ª
Verso   *14:*   »   »   »   »   »   2.ª, 4.ª, 5.ª, 6.ª, 7.ª,
                                               8.ª y 10.ª

El esquema acentual de esta composición es el siguiente:

Verso   *1:*   ´ — ´ — ´ ´ ´ — — — ´ —
Verso   *2:*   — ´ — — — — ´ — — — ´ —
Verso   *3:*   ´ ´ ´ — ´ ´ — — — — ´ —
Verso   *4:*   — ´ — ´ — ´ — ´ — ´ —
Verso   *5:*   ´ ´ — ´ ´ ´ — — — — ´ —
Verso   *6:*   — — — ´ — ´ — ´ — ´ —
Verso   *7:*   ´ ´ — — — ´ — ´ — — ´ —
Verso   *8:*   ´ — — ´ — — — — — ´ —
Verso   *9:*   — — ´ — — ´ — — — ´ —

Verso *10:* — — ´ — — — ´ — ´ — ´ —
Verso *11:* — — ´ — ´ ´ — ´ — ´ —
Verso *12:* ´ — — — ´ — — — ´ — —
Verso *13:* ´ — ´ — — ´ — — — ´ —
Verso *14:* — ´ — ´ ´ ´ ´ ´ — ´ —

Todos los endecasílabos presentan en común el acento en décima sílaba: son *paroxítonos.* Todos, con excepción de los versos *8* y *12,* poseen acento en la sexta sílaba. Como todos los versos tienen el último acento sobre sílaba par, su ritmo es *yámbico,* y todos los acentos situados sobre las sílabas pares son *acentos rítmicos.* Los acentos que se encuentran sobre las sílabas impares, son *acentos extrarrítmicos.* Los acentos sobre: la 5.ª sílaba de los versos *1, 3, 5* y *14;* sobre la 1.ª sílaba de los versos *3, 5* y *7;* sobre las sílabas 5.ª y 7.ª del verso *14,* son *antirrítmicos.*

El juego acentual es muy variado. Si utilizamos la denominación clásica del endecasílabo, según los acentos fijos que posee, nos encontramos con: *a) endecasílabos enfáticos* (acentos obligatorios en 1.ª y 6.ª sílabas), en los versos *1, 3, 5, 7* y *13; b) endecasílabos heroicos* (acentos obligatorios en 2.ª y 6.ª sílabas), en los versos *2* y *4; c) endecasílabos melódicos* (acentos obligatorios en 3.ª y 6.ª sílabas), en los versos *9, 10* y *11; d) endecasílabos sáficos* (acentos en la 4.ª sílaba y en la 6.ª u 8.ª), en los versos *6* y *12.*

Un endecasílabo pleno, con todas las sílabas pares acentuadas, aparece en el verso *4;* por contraste, el verso *8* tiene un mínimo de acentos. El verso *14* es un endecasílabo pleno con dos acentos extrarrítmicos, además, en las sílabas 5.ª y 7.ª.

9.2.3. *El análisis de las pausas*

Hay *pausa versal* al final de los versos *2, 3, 5, 6, 7, 10, 12* y *13.* La *pausa estrófica* aparece después de los versos *4, 8* y *11.* Esta pausa no es tan larga como las anteriores debido a la estructura sintáctica de los dos últimos tercetos. La *pausa final* aparece después del verso *14.*

El verso *1* no tiene pausa versal porque existe un encabalgamiento sirremático abrupto. Hemos considerado la ausencia de pausa. Como recordamos, el efecto del encabalgamiento es el mismo se mire por donde se mire; si no se realiza la pausa, se viola el principio de pausación del final de cada verso; si se realiza, se separan dos términos que sintagmáticamente siempre están unidos. Al final del verso *9*, también se presenta un encabalgamiento suave oracional.

Casi todos los versos son pausados. Presentan *pausa interna* los *1, 2, 3, 4, 5, 6, 8, 10, 13* y *14*. De ellos, son polipausados los *2, 13* y *14*. El verso *7* es impausado a causa de su estructura sintagmática (adverbio + adjetivo + sustantivo + posesivo). El verso *9* podría presentar una pausa interna después de *rüinas;* lo mismo puede decirse del verso *11*, después de *memoria,* pero dado el escaso número de sílabas que existen después de *ruinas* y antes de *no fue,* puede prescindirse de la pausa. En el verso *12*, podría realizarse una pausa interna después de *merezcan.*

9.2.4. *El análisis tonal*

Los comportamientos tonales del final de cada verso (movimiento de la frecuencia del fundamental) o junturas terminales, no presentan mucha variedad a causa de la estructura sintáctica del poema.

El verso *1*: juntura terminal descendente, /↓/, en el primer sintagma. Después de *coronadas,* en el caso supuesto de impausación, no aparece, como es lógico, ninguna juntura terminal. Si hubiese habido pausa, la juntura terminal hubiese sido, desde el punto de vista fonológico, /↑/, aunque sus realizaciones (alojunturas) pudiesen ser [↑] o [→].

Los versos *2, 3* y *5* presentan en todos los sintagmas juntura descendente por tratarse de enumeraciones o de vocativos o exclamaciones (más adelante volveremos sobre este punto).

Los versos *4, 6* y *8* presentan en su final juntura descendente, y en su interior juntura ascendente entre los dos miembros del enunciado. El verso *7* termina en juntura descendente.

En el primer terceto, hay acumulación de junturas ascendentes: si realizásemos pausa al final del verso 9, al ser un enunciado incompleto por esperar la complementación del verso 1.°, la juntura sería /↑/, con realizaciones [↑] o [→]. Lo mismo puede decirse de la inflexión existente entre los dos miembros de la coordinación y ante las pausas versales de los versos 10 y 11.

En el segundo terceto, tenemos: juntura ascendente al final del verso 12, esperando la completiva enumerativa final. La misma juntura aparece después de *torres* por la estructura de esa enumeración. Los demás miembros presentan juntura terminal descendente.

9.2.5. *El análisis del timbre*

La reiteración del timbre se polariza en la rima.

Estas cuatro estrofas organizan su rima de la siguiente forma:

versos	rimas	esquema
1	-á-das	A
2	-í-a	B
3	-í-a	B
4	-á-das	A
5	-á-das	A
6	-í-a	B
7	-í-a	B
8	-á-das	A
9	-ó-jos	C
10	-á-ña	D
11	-í-o	E
12	-ó-jos	C
13	-í-o	E
14	-á-ña	D

Las rimas son *paroxítonas* y *totales* (reiteración de una identidad acústica en todos los fonemas que se encuentran a partir de la última vocal acentuada), *consonántica* o *perfecta*. Los dos cuartetos tienen *rima abrazada*. La rima de los tercetos, distinta de la de los cuartetos, tiene una disposición especial: los dos primeros versos de los tercetos tienen la misma rima, y los dos segundos, invertida. Este tipo de rima en los tercetos, no es muy frecuente en los sonetos gongorinos.

Predominan las rimas antigramaticales en el sentido de Jakobson (es decir, que no pertenecen a la misma categoría gramatical;[1] sólo son gramaticales las de los versos *1, 4, 5* y *9, 12*).

9.2.6.   Resumiendo, podemos decir que esta composición es:

1.   Un poema poliestrófico suelto compuesto por cuatro estrofas: dos cuartetos y dos tercetos: es un soneto.

2.   Las estrofas son isométricas, formadas por versos endecasílabos, cuyas rimas son totales.

3.   Todos los versos poseen acento final sobre la décima sílaba; son, por lo tanto, de ritmo yámbico.

4.   El axis rítmico es isopolar y está situado en la décima sílaba.

9.3.   ANÁLISIS ESTILÍSTICO

Pero el análisis métrico no es un fin en sí mismo, sino un componente más para poder penetrar en el conocimiento de la estructura del poema y en su significación.

Hay en el poema tres focos de atención que se pueden polarizar en las tres personas gramaticales: la primera, el emisor o el agente del proceso de la comunicación es el *ego,* sujeto amante, que por ausencia añora su ciudad amada: Córdoba; ésta es la segunda persona: el receptor. El poeta y Córdoba son los dos ejes del proceso de la enunciación; fuera de esta bipolaridad se sitúa la tercera persona, Granada, que el poeta opone a su lugar

1.   *Essais de Linguistique générale,* p. 234.

de nacimiento.[2] La primera persona, generadora del enunciado que constituye este soneto, desarrolla una función expresiva o emotiva, que, centrada en ella, muestra su actitud sobre el objeto de la comunicación: de ahí la gran «frase» exclamativa que como unidad enunciadora refleja todo este poema.

Como hemos visto, métricamente, el poema tiene dos partes: una está compuesta por los dos cuartetos: dos unidades estróficas con el mismo esquema y tipo de rima (la designaremos, en números romanos, como I); otra, por los dos tercetos, con esquema y tipo de rima distintos a los de los cuartetos, pero con repetición de timbre entre ellos (la designaremos como II). La construcción sintáctica no aparece en contradicción con la disposición estrófica: hay paralelismo entre sintaxis y versificación. En efecto, I refleja la función conativa de la segunda persona; toda esta parte va orientada hacia el receptor y encuentra su expresión gramatical en una serie de frases con relaciones sintácticas muy simples, en las que se manifiesta un claro predominio de la yuxtaposición (con excepción de los versos 4, 6 y 8) y de la construcción nominal. Sus enunciados, a nuestro parecer, no son exclamativos, sino vocativos, ya que están desempeñando una función apelativa, corroborada por el empleo de tú frente a yo que aparece en II. Por contraposición, en II, donde aparece la función referencial de la tercera persona, las frases empleadas son declarativas; aquí las relaciones sintácticas son más complejas, presentando una notable inversión en el orden de los elementos, fenómeno que apenas aparece en I: *mis ausentes ojos nunca merezcan ver tu muro ... si ... tu memoria no fue alimento mío entre aquellas ruinas y despojos que ... baña.*

En II, se establece una clara oposición entre los dos tercetos: en el segundo, se encuentra la oración principal, complementada oracionalmente, mientras que el primero se inicia con la subordinación condicional, con un circunstancial parentético que a su vez va adjetivado específicamente por medio de dos oraciones coordinadas.

2. R. JAKOBSON: *Essais de Linguistique générale,* cap. XI, «Poétique», páginas 209-248.

En I, las divisiones sintácticas coinciden con las prosódicas (con excepción del encabalgamiento del verso *1*); cada verso, además, tiene sentido finito y su patrón tonal termina con juntura descendente. En II, por el contrario, el encabalgamiento del verso *9,* la serie de subordinadas hiperbatizadas (versos *9-11*) y la principal complementada (verso *12*) reflejan en cada verso un sentido no finito; de ahí la ausencia de juntura terminal en el verso *9,* o la presencia de junturas ascendentes en los versos *10-12.*

Como vemos, sintaxis y versificación marcan una oposición entre I y II: a la serie de enunciados de I, engarzados lógicamente, sin apenas inversiones en el orden de sus constituyentes y con un comportamiento tonal bastante uniforme se opone el II, con todas las peculiaridades sintácticas y prosódicas mencionadas anteriormente, radicalmente diferentes a las de I. Por otra parte el verso *8,* último de I, y el *9,* primero de II, sólo poseen tres sílabas acentuadas, cuya posición incluso parece pertinente: el verso *8* acentúa la 1.ª sílaba, mientras que en el *9,* la primera acentuada es la 3.ª, esquema que aparece aquí por primera vez y se repite en los dos versos siguientes. El contenido de ambas partes también es diferente: el claro significado de alabanza a Córdoba que subyace en I, se opone en II al menosprecio, casi despectivo, de Granada, ya anunciado, por otra parte, en el verso *4.*

La dicotomía de II en los dos tercetos, mencionada antes, concuerda también con la versificación y con los fenómenos prosódicos: el primer terceto presenta, repetimos, un patrón acentual cuya primera sílaba tónica es la tercera; ausencia de juntura terminal, o juntura terminal ascendente; primer verso con sólo tres acentos (v. *9*), segundo verso con cuatro acentos (v. *10*), tercer verso con cinco acentos (v. *11*); todo ello, va marcando una tensión creciente, cuya cima de inflexión se sitúa en el primer verso del segundo terceto (v. *12*) acentuado en 1.ª sílaba, sobre un adverbio de negación, con hipérbaton del predicado y con primera referencia directa al *ego*; aún este verso termina en juntura ascendente esperando la complementación de los versos *13* y *14,* donde se produce la distensión.

El último verso (el más largo: quince sílabas fonológicas), que quintaesencia la alabanza iniciada en I, presenta, como cierre, un cúmulo de acentos, con distintas funciones: siete en once sílabas métricas.

El plano métrico (o plano de la expresión) y el del contenido corren también paralelos a lo largo del poema. Los versos *1* y *5,* iniciales de los cuartetos, muestran una estructura paralela en cuanto al orden de sus constituyentes: sustantivo-adjetivo/adjetivo-sustantivo y singular/plural: *excelso muro/torres coronadas*; *fértil llano/sierras levantadas.* Los tres versos que caracterizan por medio de sinécdoques a Córdoba son los que más acentos presentan (dejando a un lado el v. *14*): seis, sobre las once sílabas métricas; más del cincuenta por ciento. Por otra parte, hay un paralelismo metafórico y opositivo entre sus elementos: «verticalidad»/«horizontalidad»: *muro, torres / río; llano / sierra.* Estos significados se ven corroborados por fenómenos fónicos en los versos siguientes: el v. *1* presenta un encabalgamiento abrupto; el verso *2* tiene tres pausas, sólo tres sílabas acentuadas y de ellas, dos sobre palabras oxítonas; los rasgos acústicos de las vocales tónicas se desplazan desde el grave —/ó/ de *honor*— al no-grave —/á/ de *majestad*— hasta el agudo —/í/ de *gallardía*—. Nótese que el mismo *excelso* que adjetiva a *muro,* como latinismo, significa «elevado», «alto», «encumbrado». El verso *3* presenta como núcleo *río,* como aposición *gran rey...,* y como determinación el verso *4.* En *gran río, gran rey* se produce: reiteración del adjetivo; contigüidad acentual en las sílabas 2, 3 y 5, 6, con la peculiaridad de que los acentos rítmicos recaen en el primer *gran* y en *rey* y los extrarrítmicos, y a la vez antirrítmicos, sobre *río* y el segundo *gran*; al mismo tiempo que este juego acentual cruzado se observa una reiteración también alternada en los fonemas de los dos sustantivos /rr/, /i/, y así mismo en /e/, /o/ que, aunque opuestas como vocal grave/vocal aguda, ambas poseen en común los rasgos no-difuso y no-denso. El ritmo acentual a partir de *rey* (6.ª sílaba) es el siguiente: ausencia de acentuación hasta la 10.ª sílaba del mismo verso, y un verso pleno (el *4*), con todos los acentos rítmicos, cierran la caracterización de *río*; esta configuración acentual produce un ritmo acompasado y melodioso, que contrasta con el del verso *2*. Al mismo tiempo, y tomando como pie la determinación de *río* se proyecta en este verso cuarto el inicio de la oposición «Córdoba»/«Granada», significado último de todo el poema: «el Guadalquivir no tiene oro como el Genil, pero es noble». El significado «río» desempeña en esta composición un importante papel como caracterizador de las dos unidades contrapuestas.

Además, hay que señalar la presencia del sema «nobleza» en todo este primer cuarteto: *excelso, coronadas, honor, majestad, gallardía, rey, nobles*; y, como incidiendo en la aposición señalada más arriba, a las *arenas nobles* del Guadalquivir no se oponen las **arenas áureas* del Genil, sino las *doradas*.

La oposición «horizontabilidad»/«verticalidad» mencionada más arriba se refuerza en el verso *5* por el inciso de *oh sierras levantadas* entre *fértil llano* y el verso *6*. Los versos *7* y *8* son como un compendio de todas las virtudes de la ciudad califal.

Hay que señalar también la oposición que se establece entre los versos *4* y *8,* finales de los dos cuartetos: si en el *4* hay referencia a cualidades materiales, en el *8,* a través de las metonimias existentes en *plumas* y *espadas* se pone de relieve la presencia intelectual de los escritores y el valor de los guerreros, nacidos en Córdoba.

Los elementos nominales presentes en I configuran también de forma distinta los dos cuartetos: mientras que en el primero, el *muro,* las *torres* y el *río* constituyen el paisaje urbano de Córdoba, en el segundo, el *llano* y las *sierras* perfilan su paisaje rural. Y de nuevo el verso *7* como conjunción de todo ello.[3]

En II se conjuntan las tres personas más arriba mencionadas: la referencia a la tercera, Granada, se efectúa por medio de dos

3. Las dos diéresis de la composición se sitúan sobre dos palabras clave en la oposición del contenido del poema: *glorïosa,* refiriéndose a Córdoba y *ruïnas,* a Granada.

metonimias adjetivadas por el verso *10*. En él podría encontrarse aún un mayor trasfondo despectivo si a *enriquece* le oponemos *baña* con el significado de «lavar», que registra el Diccionario de Autoridades.

Y por último, los versos *13* y *14* toman nuevamente, en un compendio reiterativo, los elementos de I, en el mismo orden [4] gradual de amplitud —ciudad, campo, mi patria— para finalizar con *¡oh flor de España!* que quintaesencia todas las virtudes y cualidades cordobesas.

4. *Sierra* aparece en el verso *14* en singular para facilitar la sinalefa.

ÍNDICE DE MATERIAS

rima masculina: v. rima oxítona.

rima oxítona: 2.2.2.1.

rima parcial: 2.2.1.2.

rima perfecta: 2.2.1.1.

rima paroxítona: 2.2.2.2.

rima proparoxítona: 2.2.2.3.

rima total: 2.2.1.1.

rima vocálica: 2.2.1.2.

ritmo acentual: 1.0.

ritmo cuantitativo: 1.0.

ritmo intensivo: 1.0, 1.6.

ritmo de timbre: 2.1, nota 1.

ritmo trocaico: 1.6.2.

ritmo yámbico: 1.6.1.

romance: 3.5.1.5, 3.5.1.6, 6.4.1.

romance heroico: 6.4.1.

romancillo: 3.5.1.4, 3.5.1.5, 6.4.1.

seguidilla: 3.5.1.5, 5.4.3.3.

seguidilla compuesta: 5.4.6.2.

seguidilla gitana: 5.4.3.3.2.

seguidilla simple: 5.4.3.3.1.

séptima: 5.4.6.1.

serranilla: 3.5.1.4.

serventesio: 5.4.3.1.

sexta rima: 5.4.5.3.

sexteto - lira: 5.4.5.2.

sextilla: 5.4.5.4.

sextina: 5.4.5.1, 6.3.4.

sílaba: 3.

sílaba: división silábica: 3.2.

sílabas fonológicas: 3.1.

sílabas métricas: 3.1.

silva: 6.4.2.

sinalefa: 3.1, 3.3.1, 4.1.1.

síncopa: 3.4.1.

sinéresis: 3.1, 3.3.2.

sirrema: 4.3, 4.3.2.2.2.

sístole: 1.5, nota 6.

soledad: 5.4.2.1.

sonetillo: 6.3.5.

soneto: 3.5.2.3, 6.3.5.

soneto con estrambote: 6.3.5.

tercerilla: 5.4.2.1.

terceto: 3.5.2.3, 5.4.2.1, 6.3.5.

tercetos encadenados: 5.4.2.1.

terza rima: 5.4.2.1.

tetradecasílabo: 3.5.3.2.

tetrasílabo: 3.5.1.2.

tetrástrofo monorrimo alejandrino: 5.4.3.5.

texto: 6.3.3.

tiempo métrico: 3.1.

timbre: 2.1, 5.1.1.

tirana: 5.4.3.2.

tono: 3.5.3, 4.2, 5.1.1.

tornata: v. envío.

trisílabo: 3.5.1.1.

troqueo: 1.6, n. 8.

versi sciolti: 6.4.3.

versificación irregular: 3.0.

versificación libre: véase versificación irregular.

versificación periódica: 3.0.

versificación regular: 3.0.

versificación rítmica: 3.0.

versificación silábica: v. versificación regular.

verso: 0.1, 6.3.6.

verso agudo: v. verso oxítono.

verso compuesto: 1.6, 4.1.1, 3.5, 3.5.3.

verso encabalgado: 4.3.1.

verso encabalgante: 4.3.1.

ÍNDICE GENERAL

Impreso en el mes de septiembre de 1989
en Talleres Gráficos DUPLEX, S. A.
Ciudad de Asunción, 26
08030 Barcelona

1200

D5